不打不骂

陪孩子写好作业

贾杜晶 著

中国农业出版社

农村读物出版社

·北京·

图书在版编目（CIP）数据

不打不骂陪孩子写好作业/贾杜晶著. —北京：
中国农业出版社，2022.9（2025.11重印）
ISBN 978−7−109−29986−3

Ⅰ.①不…　Ⅱ.①贾…　Ⅲ.①家庭教育　Ⅳ.①G78

中国版本图书馆CIP数据核字（2022）第166579号

BUDA BUMA PEI HAIZI XIEHAO ZUOYE

中国农业出版社出版
地址：北京市朝阳区麦子店街18号楼
邮编：100125
策划编辑：宁雪莲
责任编辑：全　聪　宁雪莲　陈　亭　　文字编辑：屈　娟
版式设计：王　怡　　责任校对：吴丽婷　　责任印制：王　宏
印刷：三河市国英印务有限公司
版次：2022年9月第1版
印次：2025年11月河北第15次印刷
发行：新华书店北京发行所
开本：880mm×1230mm　1/32
印张：7.25
字数：200千字
定价：49.00元

有人说，陪娃写作业的经历，与"渡劫"无异。孩子写作业之前，妈妈还能做到轻声细语、温柔可人，然而一旦开始陪娃写作业，大多数妈妈都会被孩子"折磨"得"河东狮吼"。

可以说，每个陪娃写作业的父母都有一把辛酸泪。湖南有一位爸爸在辅导孩子写作业时，因情绪激动而出现持续性头痛，被医生诊断为"脑出血"；还有位妈妈，差点儿为孩子的作业"光荣捐躯"，最后她无奈地说，陪儿子写作业到五年级，然后心肌梗死住院了，做了两个支架，想来想去还是命重要，作业什么的，就顺其自然吧。

"不写作业母慈子孝，一写作业鸡飞狗跳"，甚至有人调查发现，目前最伤害家庭关系的事情，就是陪孩子写作业。孩子写作业时，拖拖拉拉、边写边玩，不写作业啥事没有，一写作业就吃喝拉撒，原本一个小时能写完的作业，硬是拖了两三个小时。面对这样的学习状态，哪个家长能做到心平气和、柔声细语？于是，"鸡飞狗跳"的情形便成了有娃家庭写作业时的常态。

当孩子写作业出现这些问题时，一些父母最常见的教育方式就是吼叫或者打骂，希望通过严厉的批评教育来克服孩子的懈怠心理。还有的父母则采取了另外一种极端的方式，就是"严防死守"，他们寸步不离地坐在孩子身边，监视着孩子的一举一动，生怕孩子在学习的过程中做小动作。其实，这两种办法都是治标不治本的权宜之计，并不能从根本上解决孩子不爱写作业的问题。

美国著名心理治疗师萨提亚曾经提出过"冰山理论"，她认为，一个人的行为只是"自我"浮于水面的一小部分，而潜于水下更大的那部分内在世界却不为人所知，甚至当事人自己也无法轻易察觉。作为父母，我们如果想要真正解决孩子写作业过程中出现的诸多问题，就要站在科学的角度，挖掘出孩子不想写作业背后的生理、心理方面的深层原因。

在这里，我想举个简单的例子来说明一下科学引导的重要性。比如，有的父母喜欢催促孩子。孩子一放学回家，他们就开启了唠叨模式，"快点儿写作业""好好写作业"……父母的本意是想提醒孩子快速写作业，孩子却表现出了极大的抗拒心理——你越催促，我越拖沓。为什么会这样呢？这种现象，在心理学上被称为"超限效应"，指的是刺激过多、过强或作用时间过久，从而引起心理极不耐烦或逆反的心理现象。当你掌握了这个心理学原理之后，就能透过孩子的行为表象，找寻到孩子内心最真实的想法。因此，你如果感觉孩子最近的学习状态明显不佳时，先不要急着批评孩子，而是应该反思一下，自己最近的情绪是否过于焦虑、暴躁，从而让孩子产生了逆反心理？

我们只有在充分了解孩子内心的真实想法之后，才能站在孩子的立场，以客观、理智、冷静的态度去指导他的学习，而不是盲目地指责他、批评他。这样，我们就为自己陪孩子写作业奠定了良好的情感基础。

在陪伴孩子写作业时，我们其实是有一些行之有效的方法和技巧的。比如，如何更好地激发孩子的学习兴趣，如何让孩子的学习进入到良性循环的状态，如何有效地帮助孩子检查作业，如何利用零碎时间让孩子的学习效率翻倍，等等。在这本书里，你能够看到许多有针对性的"陪写大法"，让你能够更加省心、省事、省时间地陪伴孩子写作业。

当然，再多的方法和技巧，都不如教会孩子学会时间管理更有效。在日常的学习和生活中，我们应该通过锲而不舍的努力，让孩子最终学会"自我管理时间"的技能。一个真正有效、合理地管理自己时间的孩子，才能成为自己学习上的主人。这样的孩子，不用父母频繁催促、煎熬陪伴，就能轻松地规划好自己的学习任务。我们通过"教会孩子认识时间""根据轻重缓急对事情分类""制订时间管理表"等一些具体的步骤和技巧，帮助孩子提高管理时间的能力。

另外，每个孩子都有自己的发展规律，每个孩子也都有自己不完美的地方，作为父母，我们要根据孩子的发展规律和个性特点，去教育他、引导他，真正实现"不打不骂陪孩子写好作业"的目标。在陪伴一至六年级的孩子写作业时，父母应该分别注意什么问题，采用哪些有效的办法呢？在陪孩子写作业时，嘘寒问暖的行为可能会中断孩子的学习思路，不当的激励方式有可能会产生消极的后果，打骂、吼叫有可能会让孩子的反应变得更加迟钝，等等。这些误区都需要我们通过有效的方法去规避。

其实，陪孩子写作业的过程，并不是在"渡劫"，相反我认为这是一个很好的修行机会。因为它教会我们，如何把孩子当作一个拥有独立思想的生命个体；教会我们如何站在孩子的立场，去考虑他在学习过程中出现的问题；教会我们别忘了带着爱的初衷去陪伴孩子，而不是监督孩子；教会我们学会丢弃唠叨和抱怨、克服焦虑和恐慌，如何不打不骂、不急不躁，始终以欣赏的眼光去看待孩子身上的优点和不足。

陪伴孩子写作业的过程其实是亲子双方共同成长的过程。在陪孩子写作业的过程中，孩子会从一个自由散漫的人，逐渐成长为一个更自律、更成熟的孩子；而我们也能通过陪伴，逐渐成为更理性、更平和、更有包容心的父母。

贾杜晶

2022年6月

目录

第 1 章　陪娃写作业的妈妈都历尽辛酸

　　作为孩子的妈妈，最麻烦的事情不是照顾孩子的衣食住行，而是陪孩子写作业。可以说，每个陪孩子写作业的妈妈都有一把辛酸泪。"不写作业母慈子孝，一写作业鸡飞狗跳"，父母因孩子不好好写作业，而被气到崩溃，甚至心脏病发作的例子，并不少见。

陪娃写作业的妈妈都有一把辛酸泪

　　有个朋友跟我说，不当妈不知道，一当妈吓一跳，自从升级为"宝妈"之后，曾经那个说话轻声细语的温柔女青年，早已随着娃的成长，变成了一个随时就会"炸毛"的焦虑"女狮王"。

　　有人说陪孩子写作业的经历，跟"渡劫"无异。

　　有人在朋友圈里发了这样一则温馨提示：快要期末考试了，各位家长看小朋友做作业时，请控制好自己的情绪；小朋友也要学会保护好自己，必要的时候可以效仿下图，穿戴好防护装备。配图里的小孩戴着头盔，端端正正地坐在妈妈身边写作业。

　　还有个妈妈差点儿为娃的作业"捐躯"，她说："陪儿子写作业到五年级，然后心肌梗死住院了，做了两个支架，想来想去还是命重要，作业什么的，就顺其自然吧。"

　　有的家长说："我宁可去扛麻袋，也不愿意陪娃写作业。"

还有人说："孩子做作业的时候离得远一点儿，还能稍微交流交流；离得近了，想不攻击他都很难。"

很多妈妈认为，目前最伤害家庭关系的事情就是辅导孩子写作业；最影响身体健康的事情，也是辅导孩子写作业。

坦白点儿说，升级为妈妈之后的我，对此也深有体会。

在女儿程程五岁之前，我采取的教育方法就是顺其自然，她想读什么书就读什么书，想听什么故事就听什么故事。至于英语学习，就是在外面碰到什么东西，我就随口将这个东西的英文单词和发音教给她。

程程五岁半那年，我们将她转入了一所学前教育机构，在那里程程可以说提前进入了小学一年级的学习模式。每天下午放学，老师都会将作业布置在微信群里，督促家长辅导作业并签字。从那一天开始，我正式加入了陪娃写作业的行列，人生进入了一个崭新的阶段。

在陪写作业之初，我感到最痛苦的事情就是和娃的"磨蹭"斗智斗勇。写作业期间，女儿看到书上画的熊猫图片，就扭头问我："妈妈，我待会儿可以把这只熊猫画下来吗？"过了一会儿，女儿又会问我："妈妈，我可以喝杯酸奶吗？"女儿每次提要求的时候，都用无辜的眼神看着我，让我压根无法反驳她的"合理要求"。终于，在忍了数次之后，我不得不就她写作业期间的行为做了详细的规定。结果，她泪眼婆娑地看着我说："妈妈，难道我连喝酸奶的自由都没有了吗？"

实话实说，女儿的一句话就把我噎得喘不过气来，让我无法反驳。我开始明白，从今以后，单靠父母的强硬指令，恐怕是难以应付这个越来越有思想的孩子了。陪娃写作业的任务，注定任重而道远。不过，幸亏女儿还小，刚上学前班，我一定要赶在女儿上小学之前，让她养成良好的学习习惯，否则，我的日子不知将会变成什么样子。

接下来，我结合网上广大家长们的痛苦感受，把陪娃写作业过程中的辛酸事件梳理了一遍，有了以下几点认识。

1．不写作业母慈子孝，一写作业鸡飞狗跳

辅导孩子写作业所引发的问题中，亲子冲突位列第一。这边是心不在焉、磨磨蹭蹭的孩子，那边是心急如焚、着急上火的妈妈。在写作业这个问题上，大家犹如"火星撞地球"，稍不注意，火"蹭"一下就着了。你如果仔细观察一下，就会发现在游乐场所看到的亲子画面往往是温馨而欢快的，呈现出母慈子孝的和谐场面，可是一回到家里开始写作业，画面立即转换成另外一幅鸡飞狗跳的画风。

就经验而言，在一个家庭中，谁负责辅导作业，谁跟孩子的关系就比较紧张；相反，平时不辅导作业的一方，反而能和孩子融洽相处。由此可见，作业对亲子关系的杀伤力有多大。

2．陪写作业到深夜，简直是一种煎熬

陪娃写作业，除了要面临随时爆发的亲子冲突之外，还有可能面临身体上的煎熬。当娃磨磨蹭蹭，把写作业的时间从原本的半小时生生拖到了三小时之后，你会发现这对身心而言简直是一种巨大的摧残。在陪娃写作业的路上，光有时间和耐心是远远不够的，还得有一个能熬夜、能受气的好身体。

之前大家在互联网上探讨二胎话题时，很多人都提到了一个困扰，那就是辅导作业的问题。在现在这个时代，生二胎之前考虑的问题，除了经济条件、看孩子的人手，还包括辅导孩子学习的精力、体力和毅力。仅仅辅导孩子学习这一点，就能让很多原本想生二胎的夫妻打消念头。

3. 被孩子气到心肌梗死和脑梗死绝不是传闻

被孩子气到心肌梗死和脑梗死，这绝对不是段子和传闻。之前深圳有一位四十五岁的父亲，每天下班都会辅导小学三年级的儿子写作业。一天，一道简单的题目，这位父亲反复讲了好几遍，孩子依然听不懂，这让他瞬间暴怒，一边怒吼孩子，一边捂着发痛的胸口喘气，结果眼前突然一黑，晕倒在地。家人把他送到医院检查，医生说他得了急性心肌梗死，如果再晚来一会儿，后果很严重。

据我所知，像这位父亲这样，因辅导孩子作业而把自己气到心肌梗死的家长并不是个例。在陪娃写作业的道路上，身体和精神的双重摧残永远都存在。

4. 孩子上网课，崩溃的却是父母

现在越来越多的孩子通过网课学习知识，这样既可以节省时间，又方便父母随时监督孩子的学习。然而，这却给父母提出了一个新的挑战，那就是想方设法让孩子端坐在电脑或电视前听课。自律性比较强的孩子，不用父母提醒，基本上就能认真地听完整堂课，可是一旦遇到那些自律性不强的孩子，光是维持听课纪律就是一个很大的挑战。之前我女儿程程在线上听课的时候，一个老师同时对三个孩子讲课。其中一个孩子非常调皮，几乎全程都需要妈妈陪在身边监督，即

便这样，这个孩子还是一会儿要喝水，一会儿要上厕所，一会儿跑得无影无踪。结果，一节课下来，妈妈累得气喘吁吁，孩子听课也没什么收获。

5. 写作业还会影响夫妻关系

陪娃写作业，不仅会影响亲子关系，还会让夫妻关系变得很糟糕。在辅导作业时，孩子一旦不听话，家长就难免怒从心中来。这时，另外一个没参与辅导的家长，因为无法体会对方的焦虑，只看到一脸委屈的孩子，就会不由自主地心疼，然后下意识地就会站出来将孩子护在身后。在这种情况下，由于看问题的角度不同，夫妻双方就会变成势如水火的矛盾双方。理智的夫妻可能会据理力争，互不相让；倘若是不理智的两个人，夫妻双方很有可能会将争吵演变成动手。因此辅导孩子写作业，除了会影响亲子关系，还有可能让原本和谐的夫妻关系陷入剑拔弩张的局面。

盘点完这些问题，我们不由地感叹，陪娃写作业真的是一种风险极大的工作。可以说，几乎每一个陪娃写作业的家长，都有一把辛酸泪。

前几天，我无意间看到了一个让人啼笑皆非的视频：妈妈在给孩子辅导作业前，提前准备好了一瓶"速效救心丸"，孩子则全副武装，戴上了护具。在母子双方做足了充分的准备工作之后，"辅导作业"的大戏才慢慢拉开帷幕。这虽然是一个搞笑的小视频，却形象地刻画出了妈妈与孩子写作业时的真实状态——剑拔弩张、势同水火。

有人说，陪孩子写作业是摧毁亲情的利器。可是，我们有没有想过，花费大量的时间和精力辅导孩子作业，原本是一件非常"有爱"

的事情，为何到头来却让双方剑拔弩张呢？难道陪孩子写作业真的可以摧毁亲情吗？

　　在回答这个问题之前，我想跟大家分享一件朋友曾经给我讲过的事。

　　朋友说她的儿子六岁那年升入小学，从此她就走上了"陪写作业"的道路。有一天孩子放学回家后，她就搬来一把小凳子，如往常一样坐在儿子身边辅导作业。可是，一道简单的数学题，她讲了很多遍，儿子都没有学会。于是挥手朝着儿子的后背就是狠狠一拳，她压抑了许久的怒火释放了出来。她原本以为儿子瞬间会号啕大哭起来，没想到儿子只是默默地擦了擦眼泪，哽咽地问她："妈妈，你还爱我吗？你不是说你一直爱我吗？为什么一写作业，你就不爱我了？"

　　朋友跟我说，听完儿子的这番话，她心痛不已，刚才还怒火中烧的自己顿时蔫了下来。那一刻，她懊悔不已，内心深感愧疚："不就是辅导作业嘛，我怎么动起手来了？"

　　其实，听完朋友的故事，我的内心同样充满了酸涩。一个只有六七岁的孩子，他本来百分之百地信任父母，觉得父母对自己的爱是永恒的。可是，当妈妈的拳头朝他的后背抡下去的那一刻，他却犹豫了，开始怀疑妈妈是否爱自己。

　　我认为，我们应该回归到爱的本身去思考这个问题。作为父母，工作之余我们为何没有看看电影、听听音乐，而要自讨没趣地坐在孩子身边辅导他写作业，结果搞得双方剑拔弩张、势同水火？这本质上都是源于我们对孩子浓烈的爱。因为爱他，所以想让他成为更好的人；因为爱他，所以想放下手中的一切，帮他赶跑学习道路上的拦路虎——这才是我们辅导孩子写作业的初衷。可是，当我们给孩子讲解了无数遍解题思路，孩子还是似懂非懂的时候；当我们叮嘱了孩子无数遍"别粗心"，孩子依然点错小数点之后，再能忍的父母估计也会捶胸顿足，怒火中烧。在这种情绪支配下，父母不再理会辅导孩子写作业的初衷是什么——该骂骂，该揍揍，先把心中的怒火发泄了再说。

扪心自问一下，我们带着爱的本意去辅导孩子写作业，结果却把事情搞得"剑拔弩张"，在这个过程中，究竟是孩子的问题大一些，还是父母的问题大一些？平心而论，问题不只在某一方。我认为，这件事情的根源在于，我们对孩子的爱多少带点儿功利性。

下面这个经典的案例值得父母们认真反思——我们爱孩子的方式是否妥当。

现在，我们先来看看一位父亲是如何对待辅导孩子写作业这件事情的。有这样一位父亲，他从来不会主动去辅导孩子写作业，只是每天在孩子放学回家之后，抽出十分钟的时间和孩子聊聊天。在聊天的过程中，他会问孩子五个方面的问题。这五个问题分别为：

学校有什么好玩的事情发生吗？

今天你有什么好的表现吗？

今天有什么收获吗？

今天上课有什么听不懂的吗？

我可以帮你什么吗?

下面我们来仔细分析一下这五个问题背后隐含的"教育真谛"。

1. 学校有什么好玩的事情发生吗

很多父母,在孩子回家之后,最喜欢问的第一个问题就是"今天的作业多吗",这个问题一出口,瞬间就把和谐的亲子关系拉远了。孩子原本高高兴兴地回家,想跟我们分享一下白天在校园里发生的趣事,结果我们倒好,开口闭口围着作业转,孩子会认为,父母爱作业超过了爱他,因此刚才的好心情,瞬间就被这句话浇灭了。相比之下,这位父亲的问题——学校有什么好玩的事情发生吗,就问得非常有水平,这会很快拉近亲子之间的关系,还会让孩子觉得,"原来爸爸非常关心我""爸爸很关心我在学校过得好不好"。

2. 今天你有什么好的表现吗

我们喜欢问孩子在学校的表现,但是通常是这样问孩子的:"你今天在学校表现得怎么样""你今天在学校有没有认真听讲,有没有调皮捣蛋"。这样的问题虽然看似中性,既算不上表扬也算不上批评,但是多少会让孩子有种"父母不信任我""父母在试探我"的感觉。相比之下,这位父亲的这句话——你今天在学校有什么好的表现,在孩子听来,更像是一种鼓励和表扬,在父亲的肯定之下,孩子的表现会越来越棒。

3. 今天有什么收获吗

同样的问题,很多父母可能会这样问孩子:"老师教的知识点你都掌握了吗,能不能听懂?"这样的问题,多少带点儿质疑问难的意思，这会让孩子对自己的学习能力缺乏自信。而这位父亲问孩子"今天你有什么好的收获吗"，这不仅肯定了孩子的学习能力，还在积极地引导孩子回忆当天所学的知识点，让孩子好好想想，自己掌握了哪些知识点，还有哪些知识点需要回家继续巩固。同样的问题，正面提问和反面提问，会产生两种完全不同的效果，这值得我们父母好好反思。

4. 今天上课有什么听不懂的吗

很多父母回家之后的"标配"，都是搬把小凳子，自然而然地坐在孩子身边，像监工一样盯着孩子写作业，孩子哪道题不会，没等孩子开口，父母就开始"指手画脚"地教导起来了。当然，在教导之前，父母经常不忘挖苦一下孩子："这么简单的题目都不会，你白天上学在干吗？"等把孩子的学习热情消磨了一大半，父母再略带优越感上场："我给你演算一遍，好好给我看着啊！"等父母演算完这道题，孩子写作业的热情估计就被消耗殆尽了。而这位父亲问孩子"今天上课有什么听不懂的吗"，是在提醒孩子梳理自己尚未掌握的知识点，提醒孩子将学习重点放在这些不懂的题目上面，以帮助孩子提升学习效率。

5. 我可以帮你什么吗

"我可以帮你什么吗"，这句话其实是在告诉孩子，学习是他自己的义务和责任，但是因为我们是他的父母，非常爱他，因此会在他需要帮助的时候给他提供力所能及的帮助。这个问题，既让孩子明白了学习是自己的责任，又能让孩子感受到父母对自己的关心和帮助，可谓一举两得。而很多父母，天天花费大量的时间辅导孩子作业，这会让孩子产生这样一种错觉："作业是我和父母共同的事情，我不着急，父母还着急呢。"面对父母的辅导和教育，孩子不仅不会感激，还会觉得父母唠叨、烦人。

说到底，我们还是需要扭转自己对于爱的理解，给孩子一点儿呼吸的空间，他做对了题目，我们为他鼓掌；他遇到了困惑，我们拉他一把。只有父母真正学会理解和尊重孩子，"剑拔弩张"的糟糕局面才能彻底改变，才能让辅导孩子写作业成为一件能够增进亲情的事情。

写作业是一种痛苦，陪孩子写作业是一种"煎熬"

陪孩子写作业不仅会让原本和谐的亲子关系变得"鸡飞狗跳"，对家长的身体素质也是一个巨大考验。

网上有一位妈妈写了这样一段心路历程：我不知道别人家是怎么陪孩子写作业的，我陪孩子写作业好像得了抑郁症。他两天三夜只写了一张卷子，最后一天还熬夜到凌晨两点。我最近一直心情不好，加上天天熬夜陪孩子写作业，脸颊都长出痘痘来了。

这样的场景，很多父母都经历过吧。深夜，父母默默地坐在台灯下，陪着辛辛苦苦写作业的孩子，这样的画面，看起来让人心疼。其实细想一下，写作业本来就是孩子的事情，父母这样一直陪着，何苦呢？

　　当然，我们也不能说陪孩子写作业一无是处，在孩子小的时候，它还是有一定积极作用的。接下来，我们就来具体分析一下，陪伴孩子写作业这件事情的利弊是什么。

　　首先，我们来谈谈陪孩子写作业的好处。父母坐在孩子身边陪着孩子写作业，会给孩子营造一种温馨、安定的学习气氛，让孩子更加安心地学习。与此同时，对于一些自律能力差的孩子而言，父母的陪伴可以大大减少孩子中途上厕所、喝水、玩玩具等故意磨蹭的行为，能让孩子的注意力得到很大的提升。

　　其次，我们来看看陪孩子写作业的弊端。陪伴孩子写作业，时间久了，孩子会形成依赖心理，如果有一天父母不再坐在身边陪伴，那么孩子可能就无法集中精力写作业。另外，陪孩子写作业，很容易让孩子产生一种错觉，认为写作业是自己和父母共同的责任。在这种错觉支配下，孩子往往容易将作业问题推卸到父母身上，责怪父母没有为自己提供安静的环境，责怪父母没有及时地提醒自己完成作业。长此以往，孩子就无法养成独立完成作业的良好习惯，也不会发自内心地把完成作业当作是自己的事情，这对于他后续的学习非常不利。再者，父母的长久陪伴会让孩子丧失感恩心理，他会认为，父母陪自己写作业是一件理所当然的事情。因此，对于父母熬夜陪伴自己写作业这件事，孩子并不会心存感激。

　　综上所述，我们可以得出一个结论：父母可以拿出适当的时间陪孩子写作业，但在陪伴上，一定要有一个合理的限度，一直陪在孩子身边，甚至陪孩子熬到深夜的做法不可取。如果孩子养成了熬夜写作业的习惯，那么作为父母，我们一定要帮助孩子改正这个坏习惯。

来看以下几点建议。

1. 规定时间内写不完作业，后果自负

作为父母，我们可以大致为孩子的作业估算一个合理的时间，当然鉴于孩子的年龄尚小，我们可以考虑额外给孩子预留五至十分钟的缓冲时间。比如，今天的作业可以三十分钟完成，那么父母不妨跟孩子约定四十分钟的时间，让孩子独立完成作业。四十分钟之后，如果孩子按时完成了作业，父母就可以及时地夸赞一下孩子，增强孩子独立完成作业的自豪感和自信心。但是，如果孩子没能在四十分钟之内完成作业，那么父母可以跟孩子约定一个适当的惩罚措施，比如取消周末去游乐场的计划。当然，前提是父母一定要明确告诉孩子，不能按时完成作业，后果一定要让他自己负责。

2. 适当的陪伴可以，但不会陪他一起熬夜

父母不妨告诉孩子，写作业时如果遇到困难，可以请求父母帮忙解答问题，或者请求父母坐在身边陪一会儿，但是熬到深夜这种事情，不是父母的分内之事。作为父母，我们可以适当地陪伴孩子，但不能以牺牲身体为代价陪着孩子一起熬夜，毕竟学习是一件长期的事情，父母白天忙完工作和家务，已经非常劳累，不可能再和孩子一起"挑灯夜战"，这样下去，身体肯定会吃不消。我们常说，身体是革命的本钱，同样，身体也是陪伴孩子的本钱，我们要把健康的身体用到孩子成长过程中更需要我们的地方，而不是陪他一起熬夜写作业。

3. 作业做得又快又好，可以预留一定的玩耍时间

女儿程程写作业的时候，我和先生先为她规定了各类作业的完成时间，比如阅读二十分钟、数学作业二十分钟、校内作业三十分钟，

等等。然后告诉女儿，她如果没有在规定的时间内完成作业，就会受到一个小小的惩罚，比如增加十五分钟的练字时间。经过一段时间的磨合之后，女儿大多数时间不用我们提醒和督促，自己就能快速地完成作业。有一天，先生跟我商量说，对孩子不能光有惩罚没有奖励，我们不如给女儿约定一个奖励措施，如果女儿的作业完成得又快又好，我们可以奖励她十五分钟的玩耍时间。在这段时间里，她可以自由地玩玩具或者做其他事情。事实证明，激励措施要比惩罚措施更能激发孩子写作业的兴趣。

4. 写作业之前，不妨先让孩子玩一会儿

作为父母，我们应该跟孩子换位思考一下"写作业"这件事情，体谅孩子放学之后的真实心情。比如，我们下班回家之后如果不先休息一会儿就打开电脑开始加班的话，工作状态能好吗，工作效率能高吗？同样的道理，孩子一从学校回到家，父母就催促他写作业，他同样会不开心。这时候，父母不妨大度一点儿，给孩子留出十五至二十分钟的玩耍时间，让孩子疲劳的身心有一个缓冲过程，当玩耍时间结束之后，孩子对写作业这件事情也许就不那么抗拒了。俗话说得好，磨刀不误砍柴工，给孩子预留一定的玩耍时间，其实就是在为他后面写作业"磨刀"。

在孩子的学习过程中，父母扮演的应该是引导者和参与者的角色，而不是一个无私奉献者的角色。熬夜陪孩子写作业，并不能让孩子养成良好的学习习惯，相反还可能会让孩子完成作业的时间越来越晚。因此，父母没必要一直陪在孩子身边，甚至陪孩子熬夜写作业。

不写作业母慈子孝，一写作业鸡飞狗跳

　　网上曾流传一个很火的视频，视频里的故事发生在山东某地。一位妈妈因辅导儿子写作业而与之发生了口角，结果妈妈气得躺在床上崩溃大哭，儿子也躺在地上伤心哭泣，放眼望去，地上散落着各种作业和书本。孩子的爸爸说，其实平时妈妈和儿子的关系非常好，只是一遇到写作业这个问题，原本和谐的母子双方立即就会变得剑拔弩张，鸡飞狗跳。

　　其实，因辅导孩子写作业而闹得鸡飞狗跳的家庭，并非只有一家，类似的家庭比比皆是。

　　有的网友说："每次我辅导儿子写作业，都得和老公吵一架，因为他说我每次一辅导作业，就大喊大叫、歇斯底里，太烦人了。有一次，我把他喊过来辅导儿子写作业，结果不到五分钟，他就气得把凳子给摔了，儿子也站在旁边放声大哭。"

　　还有一位网友说："孩子的爸爸每次一辅导女儿写作业，就和女儿吵得不可开交。写作业之前，父女一团和气；一开始写作业，不出十分钟双方就会剑拔弩张——爸爸在这边嘶吼，女儿在那边大哭。紧接着，爸爸说：'你再这样我就不管你了。'然后女儿就说：'不管就不管。'就这样，双方僵持不下。"

　　看到这样的例子，我们有没有想过这样一个问题：为什么父母一辅导孩子写作业，就搞得家里鸡飞狗跳呢？要想回答这个问题，我们首先需要分析这种现象背后的深层原因。

　　"不写作业母慈子孝，一写作业鸡飞狗跳"，一个很重要的原因就是父母和孩子之间对于作业的认知不一样。孩子有他这个年龄阶段独特的认知能力，在孩子的认知范围内，有些作业对他来说可能难度系数是一，而在父母的认知范围内，他们可能觉得难度系数为零。在这种情况下，一旦孩子写作业出现粗心、磨蹭，或者反复学不会的问题，父母就会认为孩子非常笨，或者认为孩子压根就没有用心写作业，这种想法一旦占据父母的大脑，就会让他们各方面的负面情绪累积到一个爆发的临界点。在这种情况下，如果孩子再稍有失误，父母就会像一触即发的炸弹，"砰"的一声就炸了。

　　其实，我们本可以避免这样的糟糕局面，仅仅为了辅导孩子写作业，就把亲子关系搞得"鸡飞狗跳"，何必呢？其实我们只要找对办法，辅导孩子写作业并不难。

1. 不要以自己的标准去要求孩子

父母既然和孩子对作业的认知不同，那么就不要总以自己的标准去要求孩子。在发火之前，多想想小时候的自己，然后扪心自问，在同样的年龄阶段，面对同样的作业，我们就一定比孩子做得好吗？

试想当年，当我们做作业吃力的时候，如果父母动辄对我们大吼大叫，甚至撕作业、打屁股，那么我们的心里会不会觉得委屈呢？"己所不欲，勿施于人"，作为父母，我们面对一个认知能力有限的孩子时，就不要再以自己的标准去要求他了。我们要做的是通过自己的耐心辅导，让孩子逐渐把作业的难度系数从一降到零，而不是一开始辅导作业，就恨不得让孩子瞬间变成神童，什么题目都会做。抱有这种心态的父母，情绪怎么可能暴躁？

2. 辅导作业，并不意味着手把手地教孩子写作业

孩子在低年级阶段，父母可以适当地辅导孩子写作业，但是这并不意味着需要一直坐在孩子身边，手把手地教孩子做作业。父母要对作业有一个正确的认识，做作业的目的是为了查缺补漏，巩固白天所学的知识点。孩子如果每天晚上写作业时，都需要父母把所有的知识点再讲解一遍的话，就会变得越来越懒惰，越来越不想思考问题。因为他知道，即使他白天不认真听讲，晚上回到家里，父母也会重新给他讲一遍。父母应该学会适当放手，先让孩子尝试着去独立完成作业，如果孩子真的碰到难题，父母也不必着急去辅导孩子，而应该鼓励孩子换个角度再思考一下，说不定孩子通过自己的努力，就能攻克这道难题。如果孩子确实认真思考了很久，依然没有找到解题思路，那么父母就可以把解题思路讲给孩子听，让孩子根据解题思路自己去

完成作业，而不要一股脑地把所有解题的细节都告诉孩子。

3. 发生矛盾后，双方都先冷静十分钟

亲子双方因写作业而发生矛盾之后，各方在愤怒或委屈的状态下，都急着想要发泄自己的情绪，这恰恰就是"鸡飞狗跳"的导火索。这个时候，正确的做法应该是双方分开，各自先冷静十分钟，也许十分钟之后，双方的冲突就没有那么激烈了。而且，孩子经过十分钟的冷静，说不定就能认识到自己的问题，重新开始写作业。在平和、安静的家庭氛围里，孩子才能达到最佳的学习状态，父母如果不能理智控制自己的情绪，任由自己狂躁嘶吼，就会彻底打乱孩子的学习思路，同时会极大地损伤孩子的自尊心，让孩子产生"破罐子破摔"的想法。

辅导孩子写作业时，情绪暴躁、失控才是让原本"母慈子孝"的亲子关系变得"鸡飞狗跳"的根源。如果父母连情绪都控制不好，怎么能指望孩子听进去你的辅导呢？因此，我们一定要反复提醒自己保持理智，实在控制不住情绪时，可以尝试走出房间，让自己深呼吸一会儿，等情绪发泄完毕，再接着辅导孩子写作业。

孩子上网课，崩溃的却是父母

　　随着教学方式的改变，越来越多的孩子开始从线下学习转移到了线上学习，也就是俗称的上网课。上网课其实有很多优点，比如可以节省来回路途中的时间，可以随时看回放等。当然，这对父母和孩子提出了新的挑战，对于自律的孩子而言，上网课的方式无疑是利大于弊的，但是对于一些不够自律的孩子而言，上网课是一件能让父母崩溃的事情。

　　2020年的新冠疫情让很多孩子都有了上网课的经历，女儿程程也是如此。在那段特殊的时间里，女儿的画画课被迫改为了线上学习，她和另外两个同学同时在线上课，也就是说一个老师同时负责教三个孩子学画画。

　　课程刚一开始，其中一个小男孩就不见了踪影，老师被迫停下来等他回到座位上。视频那头孩子的妈妈一脸焦虑，不住地跟大家说着抱歉，好不容易把孩子按到了座位跟前，他又吵着要喝水、玩玩具。妈妈急得焦头烂额，想尽办法才勉强让他坐到了书桌前。课程结束之后，老师检查每个同学的作品情况，那个男孩画得一团糟不说，整幅作品也只完成了一半。

大家就这样勉强坚持了三节网课之后，培训机构的负责人主动跟孩子妈妈达成了退学、退费协议。

"六十分妈妈"月华在她的文章里，描述了这样一位焦虑的"网课妈妈"。

"网课对她是一种煎熬，刚开始她想着要培养孩子主动学习的习惯，就任由孩子自己在房间里听课。可是，事后她发现孩子根本没有认真听课，课本干干净净的，笔记也没记。

无奈之下，她只能放下自己的事情，在旁边盯着孩子上课。虽然孩子还是注意力不集中，偶尔走神，但相比之前，学习效率稍微提高一点儿。

上午的网课刚结束，她就要匆匆忙忙赶着做饭，否则就会耽误孩子下午的课。好不容易一天的网课结束了，她又得盯着孩子写作业，忙着打印、上传……只有等孩子的事情全部处理完，她才有时间处理自己的事情。她觉得自己紧张得快要窒息了，每天都像打仗一样。"

通过这两个案例，我们大致能够看出，上网课最让父母焦虑的事情，就是孩子的注意力。一个注意力集中的孩子，基本上可以认真听完整节课，然后独立完成课后作业。然而，父母如果碰到一个注意力不集中的孩子，那么就需要花费巨大的精力来维持孩子的学习状态。在这种情况下，不仅孩子痛苦不堪，父母也会觉得无比崩溃。

要想改变这种糟糕的状况，提高孩子的注意力无疑是最好的办法。虽然提高孩子的注意力绝非一朝一夕的事情，短时间内也很难看出成效，但是父母可以尝试从一些细节之处入手，尝试为孩子营造一个安静、祥和的网课氛围，让孩子的心逐渐安定下来。

下面，我们就一起来关注一下这几个小细节吧。

1. 课前准备要充分

上网课之前，大家需要提前登录网上账号，因此父母应该提前五至十分钟把网课界面打开，以免因为手忙脚乱而影响孩子的上课情绪。另外，父母可以提醒孩子检查一下上课需要用到的工具和教材。这么做，一方面可以培养孩子为自己负责的良好习惯，另一方面可以让孩子对接下来的课程有一个大概了解。父母千万不要忽视课前准备这个小细节，因为哪个环节出现问题，都有可能对孩子的学习状态产生不良影响。

2. 尽量让孩子的书桌保持干净

除此之外，父母应该提醒孩子收拾一下自己的书桌，让整个桌面保持干净整洁，在干净的环境里，孩子才能够更加专注地投入到学习中。试想一下，如果整个桌面乱糟糟的，上课时需要用到的资料，孩子还需要从凌乱的书堆里翻找，那么他的学习状态必然会受到影响。还有很重要的一点，父母要提醒孩子把书桌上可能会影响到他学习状态的玩具收起来，以免孩子在上课过程中下意识地摆弄这些玩具，从而影响听课质量。父母千万别忽视这些细节，因为很多孩子都会有自己所钟爱的一两个小玩具，他们经常会趁着父母不注意，偷偷地拿在手里把玩，如果父母任由这些玩具放在书桌上，那么孩子的注意力必然会受到影响。

3. 给孩子预留适当的休息时间

从心理学角度讲，不同年龄段的孩子有不同的注意力维持时间。对于小学阶段的低龄儿童而言，一般情况下孩子学习三十分钟之后，就应该让他休息十分钟左右，这样才能让孩子在接下来的学习中保持良好的学习状态。如果孩子的网课是"一对一"的上课形式，那么父母可以提前跟老师约定一下，请老师每隔三十分钟后给孩子预留十分钟左右的休息时间。如果孩子的网课是"一对多"的上课形式，那么父母可以根据孩子的上课进度，在一些不重要的课程时段，允许孩子适当休息几分钟，比如可以让他上个厕所或者喝点儿水，让孩子的大脑稍微休息一下。

4. 父母尽量保持旁观者的姿态

对于上网课，父母应该有一个清醒的认识，那就是上网课是孩子自己的事情，父母不应该陪在孩子身边，因为陪在孩子身边只会让孩子对父母的依赖越来越严重。父母要尽量保持旁观者的姿态，如果孩子没有主动要求什么，那么请父母尽量不要打扰他，比如端水、送水果等，因为这很容易打断孩子的学习思路。如果孩子的自律性比较差，总是不由自主地跑来跑去，那么父母怎么办呢？在这种情况下，父母不应该追赶孩子，强迫他待在原地，因为这样做只会让他越来越排斥上网课；父母应该允许孩子有一个自我调整的过程，只要孩子集中精力听课的时间越来越长，父母就应该及时地奖励孩子，这样慢慢引导，直到他养成良好的学习习惯。

目前特别影响家庭关系的事情就是陪孩子写作业

在一个家庭中，夫妻双方对孩子的教育问题不可能完全一致，夫妻双方对待孩子的教育问题产生分歧，而又欠缺有效沟通，极有可能引发家庭矛盾。

下面我们来看一个案例。

某天，一位妈妈下班回家，发现自己的老公正躺在沙发上拿着手机自顾自地玩游戏，上小学三年级的儿子却坐在一旁看电视，父子俩看上去一片和谐。但这种和谐的场面却让妈妈气不打一处来，她当即呵斥儿子立即关掉电视，马上写作业。在写作业的过程中，一道很简单的数学题，妈妈讲解了好几遍，孩子都算不出正确答案。这种情况下原本压抑着愤怒的妈妈崩溃了，于是她冲着儿子大声吼道："回到家就知道看电视，连作业都不写，看看吧，现在连这么简单的题目都算不出来，以后永远别看电视了！"听到妻子的训斥，这位爸爸心里很不是滋味，再扭头一看，儿子正一脸通红地望着妈妈，委屈极了。于是，这位爸爸压抑着心中的怒火劝说妻子别那么粗暴地对待孩子。

丈夫不说不要紧，他这一开口，彻底惹恼了正在气头上的妻子，于是她对丈夫吼道："你平时就知道打游戏，也不知道辅导一下孩子作业，你看看孩子的学习现在都成什么样了，你觉得你作为一个爸爸称职吗？你不管就算了，我一管孩子你就跳出来护着，这样下去，孩子会变成什么样？"妻子说完，把孩子的作业本摔到了地上。丈夫见此阵势，不想在儿子面前丢了脸面，于是两人扭打在一起，儿子待在旁边吓坏了。

案例中因为辅导孩子作业所引发的夫妻矛盾，在现在的家庭中非常普遍。我们仔细观察就会发现，在辅导孩子作业方面，一般情况下妈妈扮的都是"黑脸"，而爸爸唱的则是"红脸"。也就是说，妈妈往往对孩子的学习和生活比较严格，爸爸则相对宽松，"虎妈猫爸"这个词语就很形象地说明了现在的家庭教育模式。

深究一下，妈妈在家庭教育中所表现出来的行事风格，与女性的性格特征其实有很大的联系。因为女性天生比较细腻、敏感，也比较苛求细节，当面对一个不认真写作业的孩子时，她很容易被孩子的各种问题激怒。而父亲作为男性，天生性格粗犷，即便孩子有磨磨蹭蹭的不良习惯，在粗线条的父亲眼里，都不算什么大事。不同的角色、不同的性格，导致夫妻双方在辅导孩子作业时会形成截然不同的观点。然而，一方严苛，一方宽松，会让孩子无所适从，不知道该听谁的意见。因此，夫妻双方想要让孩子快速认真地完成作业，首先应该共同努力，在孩子面前意见要一致。

对此，我深有体会。有段时间，我在监督女儿练书法，每天我要求女儿写大约三十个字。可是有时候，先生觉得时间太晚，就会当着女儿的面向我求情："今天太晚了，要不先写十五个算了""今天出去吃饭了，耽误了一些时间，要不就算了"。刚开始的时候，当着女儿的面，我没有反驳先生，就默认了他的意见，可是次数多了之后，我发现女儿的态度有了细微的变化。女儿先是在时间上磨磨蹭蹭，原本只需要二十分钟就能写完的字，她硬是拖到了三十分钟才写完，而且原本写得横平竖直的笔画，现在竟然写得歪歪扭扭。更严重的是，有时候女儿不想写了，竟然会偷偷跑去找爸爸，想让爸爸过来替她说情。

我觉得再这样下去，会影响女儿的学习，于是我私下找先生进行了一次沟通，具体是这样做的。

1. 让先生监督女儿练字一周

首先，我跟先生提出，接下来的一周，由他来监督女儿练字，时间要求依然是二十分钟，字数是三十个。吃过晚饭，父女俩就开始配合默契地练书法。刚开始，女儿还能端正地坐在书桌前认真写字，可是不到十分钟时间，就自然而然地赖到了先生怀里，撒着娇问："爸爸，你看'蝴蝶'这两个字，左边都是'虫'字旁，妈妈说蝴蝶就是由毛毛虫变来的，你给我讲讲吧……"先生刚要回答，可能想到了自己的职责，于是立即装作严肃的样子，提醒女儿认真写字。

一周过后，先生对于辅导孩子作业这件事情有了深刻的感受，尽管女儿多次撒娇，他也没有网开一面。可见，当夫妻双方指责对方太过严苛时，应该设身处地地感受一下辅导孩子作业的艰辛，这样才能相互间多一些理解和包容。

2．全家就学习的规则达成一致的意见

接下来，我将女儿的学习内容大致分成了三部分，第一部分是校内作业，第二部分是家庭作业，第三部分是课外阅读和诗词鉴赏。然后就这三部分的学习规则，与先生进行了深入的沟通。我们根据孩子的实际情况，大致对这三部分的学习内容进行了时间划分。比如，校内作业分配三十分钟的时间，家庭作业分配三十分钟的时间，课外阅读和诗词鉴赏需要的时间可以交给孩子自由掌握。

除此之外，我还与先生商定，校内作业的写作顺序完全交由女儿来安排，让她学会独立安排时间和自我管理，这对她将来的学习非常有利；家庭作业先交由女儿自己完成，如果遇到需要我指导的地方，她可以随时找我帮助她；课外阅读方面，因为她年龄尚小，所以先由父母推荐一些经典书目让她阅读，如果时间充裕的话，她可以找一些自己感兴趣的书籍来阅读；诗词鉴赏这部分内容，由先生协助女儿来完成，因为他俩都是诗词爱好者，在选择经典诗词内容方面非常默契，我就不再插手了。

总之，三个人尽量分工明确，大家尽量尊重对方的权利和自由，遇到问题，大家及时沟通，这样就少了很多不必要的矛盾。

3．夫妻俩约定，有问题绝不当着女儿的面讨论

孩子是非常聪明的，他能够通过父母的态度来感知问题的严重程度。夫妻双方在孩子的教育问题上宽严不一，会给孩子造成一种错

觉，即认为有些问题是可以通融的，比如认为遇到问题只要稍微撒撒娇、哭闹一番，爸爸就会立即找妈妈沟通，作业量就能减少一大半。

由此可见，在辅导孩子作业时，即使夫妻一方的言语和态度有过激之处，另一方也应该保持沉默和尊重，等孩子的作业完成之后，再私下找对方沟通，解决问题，千万不要当着孩子的面讨论他的学习情况。在女儿程程的学习过程中，我和先生不可能在所有的问题上都有统一的看法，但是，我俩约定，无论有什么不同的见解，都要给对方留足面子和尊严，毕竟在孩子面前，父母的权威是非常重要的。因为父母的权威一旦消失，孩子今后就不会再听从父母的建议了。

　　以上几点是我和先生在辅导女儿作业过程中，解决双方分歧和矛盾的一些具体做法，如果大家遇到同样的情况，可以尝试用这种方法解决问题。

第 2 章　这些问题，你家孩子写作业时有吗

你有没有发现，孩子在写作业时会呈现出一系列"反常"的现象，比如平时看着挺聪明，一写作业就变笨，不写作业啥事都没有，一写作业就要吃喝拉撒；写作业时，总爱拿橡皮擦个没完……这些奇怪的现象，相信很多家长都不陌生吧！

孩子逃避写作业的各种表现

　　玩耍和写作业，你问孩子喜欢哪一个，我想大多数孩子都会毫不犹豫地选择玩耍，毕竟玩耍是每个孩子的天性。

　　如果你催促一个正在玩耍中的孩子写作业，那么在孩子眼里，此时此刻的作业就是他的仇敌。

　　在这里，我讲一个关于朋友家孩子的事例。

　　朋友说他的孩子非常讨厌写作业，每天为了逃避写作业，这个孩子可以说是费尽了心思。刚开始的时候，孩子会直接告诉朋友："时间还早呢，不到8:30我不写作业，因为我不想痛苦开始得这么早。"听完孩子这句话，我的朋友对着孩子就是一顿吼叫。后来，孩子看硬碰硬没办法解决问题，于是就换了一种策略。

　　朋友一下班，孩子就立马扑过来帮朋友拿包、取鞋，很是殷勤，朋友却毫不领情，正准备开口催促的时候，孩子立马走过来问她："妈妈你累不累啊，需不需要我帮你倒杯温水？"朋友问她儿子："你这么做，是不是就是为了晚点儿写作业？"没想到孩子直截了当地回答："嗯，能晚一会儿是一会儿。"

　　朋友跟我说，她明白孩子如此殷勤地讨好妈妈，只是为了拖延写作业的时间而已。但是，为了孩子的学习，她每次都只能装作不领情的样子，冷漠地呵斥孩子去写作业。

　　朋友的孩子是用讨好的方式向妈妈表达自己不想写作业的想法，在现实生活中，孩子排斥写作业的行为更加隐晦，大多隐藏在各种各样看似合理的表现中。

　　下面，我们就来看看孩子逃避写作业的各种表现吧。

1. 拖拖拉拉、边写边玩，每天写到深夜

　　很多时候，我们陪着孩子写作业到深夜，并不是因为孩子作业多，而是因为孩子写得慢。作为父母，我们永远无法理解孩子的心理活动，磨蹭起来怎么就跟占了便宜似的，能磨蹭一分钟是一分钟。他们一旦开始写作业，上厕所、喝水、找橡皮、削铅笔，能磨的"洋工"通通都安排上，不拖到最后一刻，绝不全力以赴。就这样拖拖拉拉、边写边玩，一直到深夜。孩子压根就不想想，这磨蹭掉的时间，最后不都得靠自己熬夜补回来吗？

2. 平时挺聪明，一写作业就变笨

　　有的妈妈说，我的孩子平时说话做事挺机灵、挺聪明的，怎么一写作业就变笨了呢？其实，这个笨是要加引号的，孩子并不是真的变

笨，而是心早就飞走了。他眼睛盯着一道数学题，思绪也许早就飞到了"晚上想看的动画片""周末要找谁一起玩"等上面去了。还有一种情况是，孩子可能累得都快要睡着了，你在这边跟打了鸡血似的，给孩子一遍遍地讲解题目，可是孩子那边眼皮早就打起架来了，眼珠都转不动了，在这种情况下，孩子看起来就会看似笨笨的。

3. 不写作业啥事没有，一写作业吃喝拉撒

一种常见的现象就是不写作业啥事没有，一写作业吃喝拉撒，这种现象估计家长们司空见惯了吧。聪明的孩子知道，当他不愿意写作业时，如果直截了当地反抗和逃避，父母肯定会指责他不认真学习。但是，吃喝拉撒是正常的生理需求，当他眼巴巴地看着你时，你忍心拒绝他的请求吗？你如果严词拒绝了，在他眼里，那就是无视他正常的生理需求，会让孩子觉得父母实在是太不讲道理了。你要是点头同意吧，他又会觉得父母非常好欺骗，下次再不想写作业时，依然会用吃喝拉撒当借口。

4. 写作业总是涂改，可能是"橡皮综合征"

有的孩子看起来是在奋笔疾书，可是你仔细观察，就会发现，他每写一个字，就会拿起橡皮在本子上擦来擦去。如果孩子写作业的时间有三十分钟，那么毫不夸张地说，他至少有十分钟的时间在用橡皮擦作业。这种行为既影响卷面整洁，又耽误学习时间，也是孩子一种拖延写作业的行为表现，被称为"橡皮综合征"。

5. 字写得歪歪扭扭，龙飞凤舞

还有的孩子，写作业速度非常快，可等妈妈拿起作业本一看，就

会发现孩子的字写得歪歪扭扭，龙飞凤舞，不知道的还以为孩子在练草书呢。孩子的这种表现，其实也是一种逃避作业的行为，在他眼里，作业只是一个阻碍他玩耍的拦路虎，"噌噌噌"，三下五除二，随便写完就行。

以上五个方面就是孩子排斥写作业的具体表现，看到孩子的这些表现，父母的第一反应往往是生气，第二反应是指责，第三反应则是压制。但是这些做法，不仅不能让孩子爱上写作业，反而会让孩子的排斥心理变得更加严重。

作为父母，我们不妨站在孩子的角度来考虑作业问题，只有这样，才能真正了解孩子的真实想法。

孩子不想写作业，原因有很多。有的孩子放学回家感觉非常累，在这种情况下，父母如果逼迫他写作业的话，只会加重孩子的逆反心理，让他更加讨厌写作业。这时候，父母不妨让孩子休息一会儿，等孩子调整好状态，不用父母催促，他便会自然而然地开始写作业。有的时候，孩子会觉得老师布置的作业有点枯燥、无聊。这种情况下，父母可以跟孩子好好交流一下，让孩子明白一个道理：虽然基础知识枯燥无聊，但是等掌握了这些基础知识，再运用这些知识来解决实际生活中的问题，就变得有趣多了。在这里，我想建议父母，等孩子完成这些基本的作业之后，可以再找一些有趣味的题目让孩子来挑战一下自己。

除此之外，有的孩子不想写作业，可能是因为当天的心情不好；还有的是因为老师布置的作业太多，孩子选择自暴自弃，用逃避的态度来对待这些作业……

　　总而言之，作为家长，要想解决孩子"仇视"作业的问题，就应该努力找到问题背后的真正原因，只有对症下药，才能药到病除。

平时挺聪明，一写作业就变笨

　　每个孩子在父母眼中都是聪明可爱的，每个孩子在父母眼中也都是独一无二的。

　　我曾经遇到过这样一位妈妈，她在和我交流的时候侃侃而谈，认为自己的女儿非常聪明，并且情商很高。她举了一个这样的例子：有一天她陪着女儿去商店给女儿买了一杯酸奶，女儿试了半天打不开，于是向她求助，等她打开那杯酸奶时，5 岁的女儿竟然笑着跟她说了这样一句话："妈妈，你太棒了。"说到这里，这位妈妈一脸骄傲地告诉我，她的女儿情商高吧，当时就连商店的老板都夸奖她女儿又聪明又会说话呢。

　　听完这位妈妈的描述，我问了她一个问题：孩子的学习成绩应该很好吧？

这位妈妈犹豫了一下跟我说："唉，我这孩子什么都好，又聪明又伶俐，就是太粗心，一写作业总是出错，我仔细一看题目，每道题目她都会，可就是不知道怎么回事，好像一写作业或者一考试就变笨了。

我相信很多父母都会有这样的困惑：孩子明明平时看着挺聪明，可是等上了小学，一写作业或者一考试，就突然变笨了。父母会产生这样的错觉，其实有多方面的原因，下面我们就来仔细分析。

1. 幼时聪明不等于上学后聪明

孩子上小学之前，父母一般都会对孩子进行早期教育，早期教育的内容无外乎是背诵三字经、古诗词，认字，学习简单的加减法、英语单词等。这些知识点比较分散，没有逻辑性，不需要孩子开动脑筋进行深入思考，依靠大脑的机械记忆就能完成。因此，当孩子快速掌握了这些知识之后，父母就会产生一种错觉——自己的孩子非常聪明。可是，进入小学之后，所学知识具有一定的系统性和逻辑性，这不仅需要孩子具有良好的记忆力，还需要孩子具有一定的逻辑思维能力，当题目稍微变得比较灵活又有难度之后，孩子可能因欠缺这方面的能力而出现"变笨"的现象。

针对这种情况，父母要有意识地培养孩子的逻辑思维能力，比如在平时的学习中，我们可以找一些有难度的题目来锻炼孩子的逻辑思维能力，做题时不仅要让孩子知其然，还要让孩子知其所以然。在这里，我想推荐几种可以很好地锻炼孩子逻辑思维能力的小游戏，比如"九宫格""数独""找不同"等，它们都可以有效地提升孩子的发散思维能力。

2.“一对一”辅导和“一对多”辅导的差异，会让孩子看起来变笨

除了知识体系不同之外，家庭和学校的辅导方式存在明显的差异，这种差异会让孩子的状态看起来完全不同。在家的时候，父母一般对孩子进行的是“一对一”辅导，在父母的监督下，孩子一般会集中精力做题，因此作业的出错率比较低。但是在学校，往往是一个老师面对很多孩子，老师不可能将注意力全部集中在某一个孩子身上，于是在缺乏监督的情况下，孩子的注意力就不那么集中了，因此作业的错误率比较高。

要想改变这种情况，父母就要引导孩子养成良好的学习习惯，让孩子能够独立、专注地学习。

3. 一写作业就变笨，可能孩子基础知识掌握不牢固

孩子平时表现得很聪明，但是一写作业就变笨，可能是因为孩子基础知识没有掌握好。举个简单的例子，你问孩子“五加八等于几”，孩子可能会快速地算出结果“等于十三”。如果你换个方式问孩子，比如“多少减五等于八”，孩子可能会卡在这里，不知道该用加法还是减法，最后可能算出结果“得数为三”。从表面上看，孩子好像做题变笨了，其实是因为基本的知识点没有掌握好，遇到灵活的题目，不会举一反三。

针对这种情况，父母要帮助孩子打好扎实的学习基础，任何知识点都不能蜻蜓点水、浅尝辄止。在平时写作业过程中，父母可以把同一个知识点反复进行变形，孩子如果能够全部答对，就说明真正掌握了这个知识点。

4．孩子写字速度慢，导致完成作业的时间不充分

　　孩子平时看起来很聪明，但是一写作业就变笨，还有可能是因为孩子写字速度慢，没时间好好读题，也没时间认真检查答案，结果导致简单的题目也会做错，从而让父母认为孩子变笨。对此，我深有体会。我的女儿在刚开始练习写字的时候，写字速度非常慢，像蜗牛一样，一个简单的汉字她一笔一划慢慢写，要很久才能写出来。有一天，我给她出了一道看图作文题，想让她用两句话把图画中的内容表达出来，限定时间二十分钟。可是时间到了，我发现女儿依然在一笔一划奋力地写字，才刚写完第一句话。如果考试用这个速度写字，女儿肯定来不及好好做题，或者没时间做完所有的题目。

　　针对这种情况，我们父母要在日常学习中，提醒孩子加快写字速度，比如，我们可以让孩子每天抽出十至十五分钟的时间来练习写字，在不断训练中，孩子的写作速度就能得到显著提升。这样，在平时写作业或者考试中，孩子就不会因写字速度太慢而出现没有时间认真读题或没时间检查答案的情况。

　　总之，孩子小时候看上去很聪明，父母没必要沾沾自喜、过分夸大，只有等孩子进入小学，开始写家庭作业或者考试时，才能验证出孩子是否真的聪明。当然了，孩子出现了变笨的情况，父母也不应该一味指责、打骂，而应该分析孩子变笨背后的深层原因，有针对性地加以教育和引导，只有这样才能让"聪明"的孩子继续保持聪明。

不写作业啥事没有，一写作业吃喝拉撒

等孩子进入写作业的阶段之后，你会发现孩子的吃喝拉撒突然变得频繁了。尤其是一坐到书桌前，这些吃喝拉撒的生理需求就变得异常急迫。

一位妈妈曾在互联网上发布了一段搞笑视频，形象地道出了父母心中的无奈。据悉，妈妈在辅导女儿写作业时，女儿注意力不集中，不停地上演吃喝拉撒的戏码，作为妈妈的她非常生气，又非常无奈。于是，妈妈绞尽脑汁想到了一个根治女儿这种坏习惯的办法，那就是将女儿关在卫生间里，里面备有书桌、学习用品等。目的就是为了不让女儿离开写作业的书桌。

这其实是很多孩子写作业时各种问题的一个缩影，简单来说，就

是不写作业啥事没有，一写作业吃喝拉撒。

接下来，我们就来看看孩子各种精彩的表演吧。

1. 妈妈，我饿了

不写作业的时候，孩子吃顿饭磨磨唧唧，三十分钟也吃不完。可是，一等到写作业，孩子就会摸着自己的肚子，皱着眉头告诉你："妈妈，我饿了。"于是，你会反问孩子："不是才刚吃过饭吗？"可是，孩子会毫不犹豫地反驳你："我真的饿了。"如果你不给他吃的，孩子就会捂着肚子，一副可怜兮兮的样子看着你，直到你给他拿来一块小饼干或者其他食物，他才罢休。在我们看来，真正饿了的孩子吃起东西来肯定会狼吞虎咽，可是，对于一个正在写作业的孩子而言，狼吞虎咽这种场景，你压根儿就看不到。接下来的画面，可能很多妈妈都不陌生吧，孩子捏起饼干，像小老鼠吃东西一样，一点点地啃咬起来。五分钟过去了，十分钟过去了，孩子依然在磨磨蹭蹭地嚼饼干。

2. 妈妈，我想喝水

平时上学，父母都会在孩子的书包里塞上满满一大瓶温水，并且千叮咛万嘱咐孩子要记得多喝水，免得上火。可是，放学后我们拿起水杯一摇晃才发现，孩子一整天坐在教室里几乎没怎么喝过水。但是写作业时就不一样了，只要一开始写作业，孩子就会不停地喊："妈妈，我想喝水。"于是你皱了皱眉头，给孩子递过去一杯温水，同时不忘叮嘱孩子："喝完水快点儿写作业吧。"孩子乖巧地点了点头，可是不到十五分钟的时间，孩子又一次告诉你："妈妈，我还想喝水。"接下来，望着眼前的那杯水，你究竟是给他，还是不给他呢？

3. 妈妈，我想上厕所

吃完饼干喝完水，这下该好好写作业了吧？可是，一切都没有结束。紧接着，孩子会告诉你："妈妈，我想上厕所。"上厕所这件事和吃饭、喝水不同，你可以不让他喝水、不让他吃东西，但是你总不能不让他上厕所吧。不然，他会质问你："妈妈，难道我连上厕所的权利都没有？"一旦你狠心拒绝，孩子就给你扣上"专制妈妈""冷血妈妈"的帽子，让你甩都甩不掉。可是，当你答应了他的要求之后，你就会发现，刚才还捂着肚子一脸痛苦的孩子，此刻正悠哉悠哉地坐在马桶上，晃着那双无比快乐的小腿，任由思绪漫天飞舞。

以上这些场景，相信很多妈妈都不陌生吧。尤其对于家有小学生的父母而言，更是再熟悉不过了。其实，面对孩子这些吃喝拉撒的要求时，父母不必太生气，因为每一个孩子都会经历这样的阶段，从逃避作业、厌倦作业，慢慢过渡到接受作业，然后再到能够主动、独立地完成作业。在这个过程中，父母的理解和引导是必不可少的。如果父母面对孩子的这些请求，采取像案例中那位妈妈的极端做法，把孩子关在卫生间里写作业，那孩子的自尊心就会受到伤害。对于有些敏感、内向的孩子而言，这种极端做法会让孩子更加厌恶写作业。

当然，孩子一味依靠父母的理解和引导，并不能解决问题，孩子自己制订合理有效的学习计划和规则，并且父母想办法让孩子遵守这些计划和规则，才是最重要的。

接下来，我们就来一起探讨这个问题吧。

1. 告诉孩子，写作业是一件严肃的事情

在写作业之初，孩子多少都会有些逃避心理，于是他们就会想方

设法找一些合理的借口来逃避写作业，对于低年龄阶段的孩子而言，吃喝拉撒就是最好的理由。孩子之所以会有这些行为，是因为他们没有意识到写作业的严肃性。这时候，父母应该和孩子进行一次深入的沟通，告诉孩子写作业是一件非常严肃的事情，需要我们从思想上、行动上严肃、认真地对待它。

2. 给孩子制订一份作息计划表

孩子年纪尚小的时候，注意力也许只能维持十五至二十分钟。一旦超过这个时间限度，再认真的孩子也有可能开小差。父母与其让孩子费尽心思地用吃喝拉撒来作为逃避写作业的理由，还不如主动帮孩子制订一份作息计划表，让孩子每隔十五至二十分钟短暂地休息一下。在休息的时间内，我们允许孩子自由地喝水、吃饼干或者上厕所。孩子拥有了自主安排休息时间的自由，反而更能专注地投入到学习上。

3. 孩子找借口逃避写作业，父母一定要拿出自己的态度

制订完作息时间表之后，无论是父母还是孩子，都应该尽可能地遵守它。如果孩子依然喜欢在学习的过程中用吃喝拉撒作借口逃避写作业，那么父母一定要拿出自己的态度，明确告诉孩子，这样做是不可以的。孩子身体没异常情况时，如果他逃避写作业的话，那么对于这些不合理的借口，父母应该统统拒绝。不仅如此，如果孩子不能在规定的时间内完成作业，还会受到相应的惩罚。孩子很会"察言观色"，他如果看到父母态度坚决，便会逐渐减少吃喝拉撒的次数，按照作息时间表的规定来调整自己的学习和休息时间。

我们小时候也有过类似的经历，因此更应该理性地看待孩子吃喝拉撒背后的心理诉求。我们即便知道这是孩子逃避写作业的谎言，也不能用粗暴的方式去压制孩子。我们只有在理解的基础上，通过坚定而温和的教育方式引导孩子，才能让孩子真正把心思用到学习上面。

写作业总是涂改，可能是"橡皮综合征"

很多家长会有这样的体会：孩子上了小学以后，在所有的学习用品中，消耗量最大的不是每天写字的铅笔，而是橡皮。

有一天我接女儿放学回家，路上遇到一对父女，只见爸爸扭头对女儿说："都给你买了几十块橡皮了吧，你天天丢橡皮，是在"吃橡皮"吗？"

这样的场景我非常熟悉，因为从女儿上幼儿园大班开始，我就发现她的橡皮总是三天两头找不见。有时候，我一次会给她买四五块橡皮，可是没过几天，我就发现她所有的橡皮都不见了。直到有一天，我发现女儿用小刀把所有的橡皮都按照自己的想法切成了不同的形状，我问女儿这是怎么回事，女儿说这样切，擦的时候方便。紧接着，我又发现了一个奇怪的现象，女儿在写字的时候，总是挥起胳膊，不停地拿着橡皮擦啊擦，于是原本洁白的橡皮没用几天就变黑了，再过几天，它就光荣地"牺牲"了。

后来我才知道这叫"橡皮综合征"，一般在低学龄儿童中比较常见。小学低年级的孩子中，大约有30%的孩子有"橡皮综合征"，只是程度轻重不同。具体表现就是孩子在写作业的过程中离不开橡皮，错了马上擦掉重写，来来回回要涂改很多次，有时候本子都快被擦出洞了，可是孩子依然会反复地擦来擦去。

七岁的瑶瑶今年刚上小学一年级，妈妈发现女儿无论是上画画课，还是在家写作业，手里都要紧紧地握着一块橡皮。在画画或者写作业时，每隔几秒，瑶瑶就会下意识地拿橡皮在纸上擦一擦。刚开始的时候妈妈并不觉得这是一个很严重的问题，只是提醒瑶瑶在落笔之前想清楚，不要等出错了再擦掉，还要重新画画或写字。每次画完画、写完作业，妈妈发现瑶瑶的卷面都很不干净，看上去黑黑的、脏脏的，很影响美观，尽管妈妈屡次提醒瑶瑶不要反复用橡皮擦，但是瑶瑶依然控制不住自己。

案例中瑶瑶写作业时控制不住自己用橡皮擦作业的现象，就是典型的"橡皮综合征"。从案例中可以看出，瑶瑶的症状已经比较严重了，因此瑶瑶的妈妈应当及时采取措施，避免瑶瑶的"橡皮综合征"加重。

"橡皮综合征"产生的原因有哪些呢？下面我们就来具体分析。

1."橡皮综合征"其实是一种完美主义倾向

患有"橡皮综合征"的孩子，其实多少会有点儿完美主义倾向。

因为太过于追求完美，所以孩子在写作业的过程中，即使发现作业中哪怕有很小的问题，也会下意识地用橡皮擦掉重写。我记得女儿刚开始练习写字的时候，她的字写得横平竖直，还会讲究顿笔这些书法技巧，看到女儿写的字很漂亮，我和先生每次都禁不住夸赞女儿一番。可是这导致了一个问题，就是女儿对写字出现了完美主义倾向，无论写作业或是练习书法，女儿都会对自己的一笔一画要求极其严格，稍有不满意就会拿橡皮擦掉重写，这样导致的后果就是虽然笔画写得比以前更好了，但整个页面看起来又黑又脏，非常影响美观。那时候我才开始注意到，女儿多少已经带有"橡皮综合征"的表现了。

2. 反复擦写，可能源于孩子内心的焦虑情绪

有的孩子之所以会呈现出"橡皮综合征"，并非因为有完美主义倾向，而是因为内心太过焦虑。在焦虑和压抑的情绪状态下，用橡皮反复擦作业，会让孩子的焦虑心情得到疏解。现在的孩子学业竞争非常激烈，父母普遍都对孩子寄予了很大的期望，希望自己的孩子学业优异。但是父母忽视了一点，那就是，期望越大，压力也会越大，当孩子的压力过大，而孩子又无法找到很好的排解方法时，便可能通过反复用橡皮擦作业的行为缓解自己的焦虑心情。如果父母任由孩子通过这种方式缓解焦虑，而不对孩子的焦虑心理予以关注的话，那么孩子"橡皮综合征"的问题可能会越来越严重。

3. 当孩子出现书写障碍时，也会出现"橡皮综合征"

举个简单的例子，写音乐的"音"字时，孩子应该对这个字有了一个整体的认识，把这个"音"字的完整笔画呈现在头脑中。但是，当孩子存在书写障碍时，他的头脑中并没有呈现出完整的字，而是一

横一竖的单个笔画。在这种情况下，孩子往往会看一笔写一笔，缺乏对字整体结构的把握，这样每写一笔都有可能出现错误，而孩子就会下意识地用橡皮来擦掉它重写。这也是为什么我们在教孩子认字时，一定要先把这个字的整体结构给孩子讲清楚，然后再让孩子动笔练习，否则任凭孩子一笔一画乱写，只会让孩子反复写错，然后反复擦写，从而导致孩子出现"橡皮综合征"。

现在我们对孩子出现"橡皮综合征"的背后原因，已经进行了深入分析，那么接下来我们就来聊聊，有哪些好的方法可以用来缓解或者解决孩子的"橡皮综合征"。

1. 不要做太过完美的父母

如果父母有洁癖，或太过追求完美，那么孩子会跟着父母养成追求完美的习惯。在学习的过程中，我们要注重孩子写字的质量，同时要注意孩子写字的速度，否则一味追求质量，只会让孩子的"橡皮综合征"表现得越来越严重。

现在，我意识到了女儿的完美主义倾向，因此在她写作业的过程中，会尽可能地降低对她字体美观度的要求，而把重心放在女儿的写字速度上。只有这样，才能让她在质量和速度之间达到相对平衡的状态。经过一段时间的纠正之后，我发现女儿用橡皮擦作业的次数越来越少。

2. 父母不要对孩子寄予过高期望

我们常说没有压力就没有动力，但是压力应当限定在合理的范围内，当压力超过了孩子的心理承受范围，孩子就会产生焦虑情绪，这反而会影响孩子的学习状态。在平时的学习和生活中，我建议，第一，父母不要对孩子寄予太高期望，即便有期望，也应该把孩子的心理承受力放在首位，不要对孩子提出一些超出他能力范围的要求；第二，父母多拿孩子的现在跟过去进行比较，当孩子取得哪怕一点儿进步时，父母也应该为他点赞，而不应该拿他去跟别的孩子进行比较，平白无故让孩子背上沉重的思想包袱，使孩子的焦虑情绪越来越严重。

3. 不要盲目地让孩子写不认识的字

父母盲目地教孩子写不认识的字，会超出孩子的认知范围，让他无法对这个字的整体结构有清晰的认识，在这种情况下，孩子非常容易出现书写障碍，并导致出错的概率变大，相应的他用橡皮擦字的频率也会增加。父母如果坚持想让孩子多认字，那应该多花费时间去教孩子认识字的整体架构，而不是放手让孩子自己随心所欲地练习。我有个朋友在这方面比较"佛系"，她丢给孩子一本生字本，让孩子照着生字本去写字。这样做的后果就是，孩子不仅经常把字的笔画写错，而且养成了用橡皮反复擦改的坏习惯，导致孩子"橡皮综合征"的问题越来越严重。

当孩子出现了"橡皮综合征"以后，父母不应通过打骂和批评的方式来指责孩子，而应采用正面鼓励的方法，帮助孩子逐渐减少使用橡皮的次数。当孩子的"橡皮综合征"有所缓解时，父母要及时表扬孩子的进步。

字写得歪歪扭扭，龙飞凤舞

写作业通常离不开写字，尤其是语文作业，可是有的孩子字写得歪歪扭扭，龙飞凤舞。有这种表现的一般是男孩，他们性格上通常比较粗线条、不拘小节，在写作业时他们秉持的态度就是：写完即可，好与不好，皆不重要。

可是孩子的这种豪爽态度，却让父母非常无奈和郁闷。之前有网友在网上分享了一段带有调侃意味的网帖，孩子在"挨打"之前和"挨打"之后所写的拼音字母，看上去简直有天壤之别。

"挨打"之前，孩子写的拼音大小不均、有粗有细、横倒竖歪、上下不齐，作业纸上还有乱涂乱画的痕迹，甚至用铅笔在纸上扎洞，这明摆着就是边写边玩，态度不端正、敷衍了事。

"挨打"之后，孩子写的拼音大小均等、粗细相当、横平竖直、上下齐整，瞬间变成了"印刷体"。再看纸张，干净整洁，没有丝毫擦拭的痕迹，一看就是认真对待、仔细书写的作业，让人"赏心悦目。"前后一对比，第二份作业简直像换了一个人写的。

"挨打"让孩子的书写态度有了翻天覆地的变化，当然这只是网友虚构出来的内容，主要是为了对比孩子在受到惩罚前后的不同表现。当然，在现实生活中，不能使用打骂的方式来规范孩子写字的行为。使用打骂的手段，孩子年龄小的时候可能会屈服于家长的威慑而乖乖地把字写好，但是等孩子稍大一点儿，一旦脱离了家长的掌控，他就有可能故技重演，到了那个时候，估计你想打他都找不着人了。

因此，依靠打骂来强迫孩子改掉写字歪歪扭扭的毛病，并不可取。只有让孩子真正意识到写字的重要性，心甘情愿地把字写好，才能让他改掉坏毛病。

要想解决孩子写字歪歪扭扭的问题，我们要分析一下这种现象背后的原因，只有真正了解了这些原因，才能对症下药，找到解决问题的办法。

在我看来，孩子字写得歪歪扭扭，龙飞凤舞，无外乎以下两个原因。

1. 只求速度，不求质量

当孩子一味追求写作业的速度，而不要求质量时，写的字看上去当然会歪歪扭扭、龙飞凤舞。当孩子出现这种情况时，父母应该反思，在孩子学习的过程中是否经常催促、呵斥，要求他尽快把作业写完，或者是否向孩子许诺，如果他在规定时间内写完作业，就允许她出去玩一会儿，或者看会儿动画片。当父母有以上做法时，孩子写字潦草，并不奇怪。因为父母强调作业速度的做法本来就是片面的，这些做法会给孩子一种暗示：只要加快速度写完作业，就能得到我想要的东西，至于写得好不好并不重要。

2. 反正父母不认可我，不如"破罐子破摔"

孩子之所以会把字写得歪歪扭扭，还有可能存在这样一种心理暗示：反正我无论如何努力，父母都认为我的字写得不好，那么我就"破罐子破摔"，随便写写算了。当孩子出现这种心理暗示时，父母同样应该反思，在孩子平时的学习中，是否经常否定、贬低他，即使他写的字与之前相比有了一定进步，你们依然不满意，因为孩子并未达到你们原来的要求。这种教育方式其实非常可怕，时间久了，它会逐渐消磨掉孩子的自信心和上进心。

在"写得快"与"写得好"之间，父母应该努力寻找一种平衡，以便让孩子高质量地完成作业。

要想达到这个目标，父母在指导孩子写作业时，应该注意以下几个方面。

1. 写作业不能盲目追求快

作为父母，我们的口头禅是"快点儿写作业"，却很少问孩子"能把作业写好吗"，这两个要求有很大的区别，代表着两种完全不同的努力方向。当父母很在乎孩子能否快速完成作业时，孩子在潜意识里就会认为速度是第一位的；当父母很在乎孩子的作业写得好不好时，孩子在写作业时就不敢敷衍了事。因此，我们应该把口头禅稍作改变，不要天天对着孩子说"快点儿写作业"，而应换个方式问孩子，比如"能把作业写得又快又好吗？"

2．作业潦草，父母应该有相应的惩罚措施

当孩子第一次把写得歪歪扭扭、龙飞凤舞的作业拿到父母面前时，父母的态度将直接影响孩子今后的学习习惯。如果父母态度非常严厉，要求孩子重新写一遍，那么我相信，孩子在下次写作业时肯定不敢敷衍了事，因为没有孩子愿意把同样的作业连写两遍。相反，如果父母经不住孩子的软磨硬泡，对潦草的作业睁一只眼闭一只眼，那么孩子极有可能在下次写作业时依然马马虎虎、字迹潦草。孩子非常善于察言观色，如果父母要求严格，他就认真写字；如果父母要求宽松，他就敷衍了事。

3．"写得好"与"写得快"之间，一定要达到平衡

有的父母会说，孩子作业写得慢没关系，只要写得好就行了。这种观点我并不赞同，因为一味追求写得好，会让孩子完成作业的时间延长，从而占用学习其他知识的时间。比如在考试中，个别孩子因为过度追求漂亮的字体，从而导致自己没时间做完题，这种做法，我们不提倡。

刚开始，我们在陪女儿练习写字时就陷入了这样的误区，我们一味追求漂亮的字体，导致孩子写字的速度慢了很多，以至于孩子在考试时连检查的时间都没有。当发现这个问题后，我们及时做了调整，才没有对孩子的学习造成进一步影响。

因此，过于追求作业完美，容易让孩子患上"橡皮综合征"；过于追求速度，却会让孩子写作业马马虎虎。因此，在平衡"做得好"和"做得快"的关系时，父母一定要保持理智，切勿贪心，切勿极端，这样才能让孩子真正把作业写得又快又好。

第3章　孩子不想写作业的生理、心理学原因

孩子不想写作业时，父母都喜欢把原因归咎于孩子淘气、不听话，其实，这种想法是片面的。在孩子不想写作业的行为背后，往往暗藏着生理、心理等方面的深层次原因。只有从科学的角度出发，深度理解孩子行为背后的"超限效应""习得性无助"等心理问题，才能对症下药，从根本上解决孩子不想写作业的问题。

孩子做作业走神、小动作太多的生理原因

在日常生活中，你有没有碰到过这样的情形，孩子拿着牙刷在刷牙，可是刷着刷着就突然笑了起来，不知道他脑子里在想什么；孩子蹲在马桶上上厕所，过了十分钟你去厕所一看，发现他竟然坐在那里发呆；早上你把早餐备好摆放在孩子面前，可是他吃着吃着就停了下来，思绪不知道飘到哪里去了。

孩子爱走神，不仅表现在日常生活中，在做作业的时候，他们也会出现走神、做小动作的问题。每次父母一发现孩子走神或发呆，能想到的办法就是大声呵斥，孩子听到呵斥声就会从走神或发呆的状态中清醒过来，赶紧投入到学习中。

但是，光靠吼叫或呵斥是无法彻底解决孩子的走神或发呆问题的，因为孩子走神、发呆或做小动作，与孩子的生理结构和大脑发育息息相关，纵使你"吼他千万遍"，也无法彻底解决这些问题。

下面，我们来看一个案例。

张女士的儿子今年上小学二年级了，他性格乖巧，非常听话，唯一让张女士头疼的就是学习问题。每次一开始写作业，儿子就会出现各种各样的问题，比如走神、发呆、磨蹭等。

这天张女士在家里忙着做家务，儿子在自己的房间做作业，张女士洗完衣服、打扫完卫生，一看时间已经中午11:00了，此时距离儿子刚开始写作业的时间已经过去了三个小时。她走进房间，打算问问儿子中午想吃什么。可是，不看不知道，一看吓一跳，她惊讶地发现，自己的儿子在三个小时的时间里竟然只写了七个字。想也不用想，在这三个小时的学习时间里，儿子肯定像往常一样不停地走神、做小动作，所以才写了七个字。眼前的这一幕场景，让张女士顿时觉得头都大了。可是看着儿子一脸无辜的小眼神儿，张女士也不知道如何是好。

现实生活中，很多孩子写作业时的状态，跟案例中的男孩非常相似，家长稍不注意他们就走神、发呆、做小动作，孩子的这种表现会让父母误以为孩子故意调皮捣蛋，不好好写作业。其实事实并非如此，孩子的这种行为表现，与他的生理结构、大脑发育等有着密切的关系。

下面，我们就来具体分析。

1. 大脑皮质有兴奋性和抑制性两类神经元

我们的大脑皮质有兴奋性和抑制性两类神经元，当兴奋性神经元产生作用时，人会敏锐地感受到各种刺激，并做出积极的行为反应；当抑制性神经元产生作用时，人在感受外界刺激方面会比较迟钝，相应的也会出现消极的行为反应。大脑皮质的这两类神经元，很好地解释了孩子在玩耍和写作业时两种完全不同的行为表现。在孩子玩耍时，如果大脑皮质的兴奋性神经元产生作用，那么就会投入很大的注意力在这些游戏上面；而当他学习时，如果大脑皮质的抑制性神经元产生作用，那么孩子就无法将注意力集中在作业上面，就会下意识地出现发呆、走神或做小动作的行为表现。

2. 具有抑制功能的"额叶"，在十四岁左右才能发育成熟

行为抑制是大脑的高级功能，当人们需要完成某一项任务时，大脑的抑制功能会让人抑制不恰当的行为。而"额叶"恰恰是大脑中负责行为抑制的区域，正是因为"额叶"的存在，人才能在学习和工作时抑制那些躁动不安的想法，从而能够调动更多的精力和注意力在当前的任务上。对儿童来说，"额叶"在十四岁左右才能真正发育成熟，这就意味着，对于十四岁以下的孩子而言，他们在控制兴奋方面的能力是有欠缺的，当他们开始写作业之后，虽然身体坐在那里，大脑却抑制不住兴奋，一会儿想着刚才玩的游戏，一会儿想着要吃的零食，因此就会不由自主地发呆、走神、做小动作。

3. 孩子有可能存在视觉障碍

对人类而言，视觉是非常重要的，它是我们获取外界信息的重要途径。对于处在求知阶段的孩子而言，视觉的重要性更是不言而喻，但是有些孩子可能存在视觉障碍，比如视物重影，阅读时跳字、串行，这些孩子往往容易被误认为是"不专心"的孩子。有个朋友的孩

子，上课的时候经常开小差，具体表现就是老师在台上讲课，他总是低着头在下面玩弄铅笔盒。得知这件事情之后，朋友第一时间责骂了孩子，提醒孩子要专心听课。但是孩子委屈地告诉朋友说，他的眼睛有点儿问题，看不清黑板上的小字，有时会重影。于是，朋友带孩子到医院做了检查，发现孩子有视觉障碍，存在屈光不正等问题。在给孩子做了屈光矫正之后，孩子听课和写作业时，注意力有了很大提高。

4. 手指力量小，导致孩子写字不能持久

除了视觉障碍之外，有些孩子手指力量小，导致写字没有力量，这也会影响孩子写字。手指无力的孩子，费了好半天的劲儿才写完几个字，写完几个字之后，需要活动活动手指才能继续写字。这些停歇在父母眼里，有可能就是发呆或做小动作的表现。我的女儿刚开始练习写字的时候，我发现她经常写几个字就要甩甩手臂或者拿小玩具玩一下。我询问她原因，女儿告诉我，她的胳膊非常酸痛，手指也很疼，需要活动活动才能继续写字。随着女儿逐渐长大，并且加强了体育锻炼之后，她的手指越来越有力量，相应的，她写字的速度也越来越快了。

作为父母，我们要了解孩子的这些生理发育特点，正视孩子存在的某些生理缺陷。今后，当我们看到孩子在写作业的过程中走神、发呆或做小动作时，不要急着批评他们，应该仔细观察一下，看看这些行为表现背后的真实原因是什么，不要因为一时冲动，误解了孩子。

性别不同，对待作业的态度不同

男孩和女孩性别不同，在对待作业的态度上也呈现出不同的特征。一般而言，女孩比男孩早熟一些，写作业时，往往表现得更自觉、主动；男孩则比较贪玩、好动，在写作业时往往表现得漫不经心。

接下来，我们来看看一位龙凤胎妈妈所说的，儿子和女儿写作业时截然不同的态度。

这位妈妈说，她的儿子和女儿是一对龙凤胎，但在写作业方面，两个人的表现有天壤之别。从一年级开始，她每次一辅导儿子的作业，就有想把儿子"拍死"的冲动，因为儿子的表现非常差，他放学回家经常忘记带作业，即便把作业带回家，表现也很不好，几乎可以说是，写啥啥不行，做啥啥不会，母子俩经常闹得鸡飞狗跳。就这样辅导了儿子两年作业，等他升入小学三年级之后，这位妈妈发现儿子在学业方面依然没有多大的长进。

说到女儿，这位妈妈的脸上则满是笑意，她说女儿非常聪明、懂事，从小学一年级开始，她的所有作业根本不用操心。有时候，妈妈给她布置了其他作业，她也很乐意去完成。白天在学校，其他孩子都在课余时间玩耍，她的女儿会坐在课桌前先把作业完成，再出去和同学玩耍。这位妈妈还说，有一天女儿感冒了，她劝女儿在家休息一天，即便在家里休息，女儿也没闲着，从同学那里了解了当天的作业，坚持把作业写完了。

看到儿子和女儿截然不同的学习态度，这位妈妈总是不由地感叹，当初要是生一对双胞胎女儿就好了。

通过龙凤胎的案例，我们可以看到，男孩和女孩在对待作业的态度上确实存在着很大的差异。当然，这并非偶然现象，而是跟男女双方不同的思维模式、性格特征、大脑发育等有着密切的关系。

下面我们具体看看，男孩、女孩在学习态度方面，究竟有哪些明显的差异吧。

1. 记忆模式不同，导致女孩写语文作业更快，而男孩写数学作业更快

男孩和女孩在记忆模式方面有着很大的差别，一般而言，女孩的机械记忆和形象记忆能力比较强，而男孩的抽象记忆和理解记忆能力比较强。女孩的这种记忆特点，可以让她在短时间内背诵大量的文章、诗词、语句等，因此，如果老师布置的作业是背诵或机械记忆之类的，那么女孩一般完成得会比男孩好一些。但是，在抽象记忆和理解记忆方面，男孩有很大的优势，比如一些复杂的数学公式，女孩可能在短时间内很难记住，男孩却能通过深层分析和理解，记住这些复杂的公式、模型。

2．注意力侧重点不同，导致男孩、女孩对作业的理解程度不同

一般而言，女孩的注意力比较侧重于人，听课时，女孩比较容易将自己的注意力放在老师的讲解上面，能够及时与老师展开互动；而男孩的注意力侧重于物（比如实验器材），却对人的敏感度比较低，当老师单纯地在课堂上讲解内容或提问时，男孩的反应往往会比女孩差一点儿。因此，面对老师布置的同样难度的作业，女孩因为听课比较认真，所以能很快完成作业，而男孩因为在课堂上的注意力不集中，对知识的领悟不够透彻，所以可能无法快速完成作业。

3．同样的作业，女孩倾向于提前完成，男孩倾向于推迟完成

有个漫画系列很形象地说明了这个问题。漫画的内容大致是这样的：

暑假放假三十天，老师布置了三十篇作文，目的是让孩子们每天坚持写一篇作文。回到家之后，女孩制订了一份作业计划。她原本打算每天写三篇作文，用十天的时间来完成这些作业。结果不到十天的时间，女孩就写完了所有的作文。男孩也制订了一份作业计划，刚开始，他打算一天写一篇作文，后来发现做不到；等暑假剩余十天的时候，他的新计划是每天写三篇作文，可是依然没做到；最后暑假剩下三天的时候，他又把学习计划改为了一天写十篇作文。结果假期的最后一天，男孩依然在疯狂地补写作业。

这个漫画系列很形象地说明了男孩、女孩在对待作业时的不同态度，女孩一般倾向于早早写完了事，男孩则是先抓紧时间尽情玩耍，等到最后几天，到了不写不行的地步，再逼迫自己在短时间内疯狂补写作业。

4. 自制力不同，导致男孩、女孩对待作业的专注力不同

男孩和女孩有着完全不同的自制力，一般而言，女孩具有较强的自制力和专注力，而男孩的自制力和专注力相对要弱一些。因此，面对同样的作业，女孩往往能够自觉主动地坐在书桌前写作业，不用父母太过操心就能认真完成所有的作业；而男孩由于自制力和专注力欠缺，往往需要父母投入大量的时间和精力来监督他们完成作业，即便这样，男孩在写作业的过程中，依然要比女孩表现得淘气、好动。

5. 性格不同，导致女孩对待作业比较细心，男孩比较粗心

男孩女孩的性格存在先天差异，一般而言，女孩心思缜密，比较注重细节，而男孩性格粗犷，不太关注细节。这种性格差异，直接导致男孩女孩在写作业时呈现出不同的个性特点。以写字为例，通常情况下，女孩对自己的字体要求比较完美，一笔一画都尽可能地做到完美、整洁。而男孩通常比较注重写作业的速度，写字时非常在乎自己写了多少个字，而不在乎自己的字写得好不好，因此在完成作业之后，很多男孩的字看上去都歪歪扭扭，龙飞凤舞，女孩的字则相对显得秀气、整齐很多。

当然，以上所说的态度差异，通常会在小学阶段表现得比较明显。因此，父母在教育男孩女孩方面，应该根据他们的性别特征和个性特征，采取不同的教育方法。"一刀切"的做法，只会让孩子的各

种问题越来越严重。不过，随着孩子逐渐长大，男孩、女孩的思维发育、生理发育、大脑发育都会逐渐成熟，他们对待作业的态度越来越成熟，在对待作业的态度上面所呈现的差异也会越来越不明显。

孩子不想写作业背后的五大心理问题

好玩是孩子的天性，在天性的驱使下，不用父母催促，孩子就愿意玩泥巴、捉迷藏、过家家，但是几乎没有小孩子天生就喜欢写作业。

孩子的精力很旺盛，在不学习的时候，他看上去总是兴致勃勃的样子，可是父母一提醒他去写作业，他立马就像霜打的茄子一样，浑身上下都蔫了，每个毛孔都透露着一个意思——我不想写作业。

面对这种情况，有些家长难免会焦躁、抱怨，臆想着"别人家的孩子"写作业的场景：别人家的孩子不用父母大呼小叫，就能乖乖地坐在书桌前认真写作业。可是低头再看看自家的"小神兽"，一提起学习就无精打采。然而事实是，此刻你所羡慕的"别人家的孩子"，也许正在让他的父母头疼呢。

　　八岁的月月已经上小学二年级了，在同学们的眼中，月月勤奋好学，聪明伶俐，每次月考或期末考试，她的成绩总是在班里名列前茅。于是，月月自然就成了所有家长心目中"别人家的孩子"，其他家长动不动就以月月的标准来要求自家孩子："看看你们班的月月，人家学习成绩多好，写作业一定认真。"

　　月月的妈妈说，其实月月写作业的热情没有那么高，每天回到家，她首先要做的事情是玩玩具。每次妈妈一提醒月月写作业，她总是摆出一副不情愿的样子，嘟着小嘴，然后磨磨蹭蹭地从玩具堆里走出来。而且，在写作业的过程中，月月也会出现拖拉、走神的问题。

　　案例中的月月成绩优秀、乖巧懂事，是所有家长心目中"别人家的孩子"，但是月月的妈妈也有和其他家长同样的困扰，那就是孩子写作业时总是兴趣不高，专心程度不够。由此可见，孩子不喜欢学习，不喜欢写作业，做作业时磨蹭、走神，应该是大部分孩子的通病。

　　面对孩子出现的这些问题，父母有没有问过自己是否真正地了解过孩子？孩子磨蹭行为的背后，其实有着深层的心理学原因。试问，我们对孩子的心理发展规律，又了解多少呢？

　　北京儿童少年心理卫生中心主任郑毅认为，孩子不爱学习的行为背后其实存在着五大心理问题，而这些恰恰是我们父母所忽略的。

　　下面，我们就来看看具体问题是哪些吧。

1. 父母忽略了孩子的学习兴趣

　　郑毅主任认为，学习最大的障碍是学习兴趣的丧失。现在很多家长在孩子很小的时候，就开始教孩子机械地背诵各种古诗词，去上各种画画班、舞蹈班或者补习班等，而忽略了孩子天生爱玩的心理特点，没有在生活和玩乐中启发和教育孩子，导致孩子很早就产生了厌学情绪。

我的朋友跟我说，她的孩子周末是没有休息时间的。周六从8：30开始就排满了奥数、英语、作文等课外班的课程，她每周六一大早就拉着睡眼惺忪的孩子赶往培训学校。中午的时候，为了节省时间，孩子经常只能匆忙吃一口饭，然后跟着她在车里睡一会儿。我问她："孩子喜欢这些课程吗？"朋友一脸焦虑地说："哪由得他喜欢不喜欢，他的学习要是非常好的话，我也不愿意让他这么累。"

事实是，朋友的孩子补了这么多的课，仿佛陷入了一个恶性循环的怪圈，课补得越多，学习成绩下降得越快，作业完成的情况也越差。为什么会这样呢？因为补课太多，孩子产生了厌学情绪，结果在校学习也受到了影响。

对此，我想说的是，兴趣才是孩子最好的老师，我们即便没有能力让孩子爱上学习和作业，但是至少我们不能靠这些疯狂的补课来消磨孩子仅存的那点儿学习兴趣吧。强迫孩子学习的做法，无异于杀鸡取卵，等孩子有朝一日彻底厌烦了学习，那么逃学、辍学以及叛逆的问题，就随之而来了。

父母们，请小心呵护孩子仅存的那点儿学习兴趣吧，在这个基础上，再多探索一些能调动孩子学习热情的好办法。拔苗助长的做法，只会让孩子的厌学情绪越来越严重。

2. 父母破坏了孩子的好奇心

郑毅主任提出，刚开始孩子是好奇心强且爱学习的。我们都知道，孩子小时候非常喜欢问大人"为什么"，问问题的过程就是孩子在不断地探索知识和不断学习的过程。如果父母能够加以正确引导，孩子就能一直保持这份好奇心。在好奇心的驱使下，孩子会对学习充满探索精神，也就不用父母太过操心了。

可是有些喜欢问问题的孩子，却被父母视为"话痨"或"话匣子"，每次孩子提问的时候，父母都以工作忙或家务忙为理由，拒绝耐心解答孩子的问题。久而久之，孩子的好奇心就被父母彻底扼杀了。这些父母在孩子小时候，没有很好地保护孩子的天性，可是等孩子进入学校之后，又希望孩子对新知识充满好奇心和探索欲望，这是不是有点儿矛盾呢？

3. 父母忽视了孩子学习的心理发展规律

儿童发展心理学认为，儿童在学习的过程中，若得到了很好的反馈，这种反馈就会激励他继续学习。

我接女儿放学回家的路上，听到一位爸爸问自己的儿子："今天单元测试考得怎么样？"孩子说："三道大题，我答错了一道。"我以为这位父亲会批评儿子考试没考好呢，没想到这位爸爸一脸自豪地对儿子说："是吗？那说明你对了两道题，已经很棒了，下次继续努力吧。"

说实话，父子俩的这段对话，给了我一个很大的惊喜。面对孩子不理想的成绩，给他积极的正向回应和反馈，至少能让孩子保有继续努力的动力，可是如果一味地打击他、讽刺他，孩子或许连继续努力的动力都没有了。通过这一段真实的父子对话，我想家长们应该好好反思自己的教育态度，并不是说只有孩子考了满分的时候，我们才能给予鼓励和掌声，而应该是孩子取得每一点儿进步，我们都应该给孩子鼓励和掌声，这样孩子才能在心理上认可自己、肯定自己，然后不断地努力和进步。

4. 父母过多关注书本知识，而忽略孩子的内在素质

很多家长对于孩子是否优秀的定义是考试得多少分、名次排第几，从而忽略了对孩子内在素质的培养。

这里的内在素质，其实就是指认真、努力、坚持等一系列可以支撑孩子走下去的精神和意志。"世上无难事，只怕有心人"，一个有心的孩子，他的未来是不可估量的。因此，我们千万别只盯着孩子一时的成绩好坏，而应该多关注孩子的内在素质。在日常生活中，我们可以通过做游戏的方式来培养孩子的优异品质，也可以通过爬山、赛跑等体育运动来磨炼孩子的意志力。一个拥有良好内在素质的孩子，在学习或写作业遇到困难时，不会动不动就求助于父母，而是先尝试自己解决，这种精神才最可贵。有这种精神存在，父母还用担心孩子不好好写作业吗？

5. 父母忽略了孩子的心理障碍问题

我有一个朋友，他的孩子在读小学二年级，语文考试经常不及格。但是，每次考完试，他都会陪着儿子一点点地把试卷中的问题找出来，然后再带着孩子一点点地巩固基础知识。遇到这种情况，一般的家长早就感到厌烦了，我的朋友却没有。原来，他的孩子感觉统合失调，还比较严重，别的孩子五分钟就能记住的知识，他的孩子五十分钟也不一定记得住。但是他说，正因为孩子存在先天的问题，他更应该理解孩子，更应该比别的父母投入更多的时间和精力。

　　因此，有时候孩子在学习的过程中看上去好动、不专心，有可能是孩子存在学习障碍，或者心理发育出现了异常。这种情况下，如果父母不能及时发现孩子身上的问题，那么无论双方付出多少努力，都无法获得满意的效果。不仅如此，如果父母采用暴力手段强迫孩子学习的话，就可能对孩子的身心发育造成更大的伤害。

　　因此，当孩子出现不好好学习、不认真写作业的情况时，父母应该考虑到这些行为背后深层次的心理原因。如果孩子确实存在这方面的问题，父母一定要及时带孩子进行专业治疗，这样才有可能让孩子重新对学习产生兴趣。反之，一味通过打骂的方式来逼迫孩子，只会让问题变得越来越严重。

　　总而言之，作为父母，我们不要关注孩子不爱写作业、不爱学习这些行为表象，而应该绕开这些表象，探求孩子行为背后的心理原因。只有揭开孩子行为背后的心理谜团，才能真正帮助孩子走出困境。

心理学"冰山理论"破译孩子写作业慢的密码

我在互联网上看到过这样一个搞笑的小漫画，内容是关于一个孩子写作业时的磨蹭状态，可以说，这个孩子在写作业这件事上，已经把"磨蹭"二字诠释得出神入化。

下面，我们就来欣赏一下这段出神入化的"磨蹭"漫画吧。

磨磨蹭蹭到书房，呆坐至少十分钟，玩手办二十分钟，把玩各种小玩意至少二十分钟。

打开书包，然后打开手机查找作业，趁机看小视频十分钟；被批评表示不开心，发脾气、嘟囔至少十五分钟。

先做语文作业，打开课本，趴在桌上十分钟；喝水、玩水杯至少五分钟；找到作业本，翻看之前写的作业至少十分钟；拧开签字笔，反复拆卸组装五分钟。

被督促提笔写字，写上日期、作业题目，不超过八个字；然后再次趴在桌上玩抽纸十分钟，在抽纸上描画五分钟。时针指向上午11:30，两个多小时写了八个字。

被数落，然后犟嘴，强词夺理，发泄各种情绪五分钟，最后还威胁家长："烦死了，我不想上学了，我要休学！"

看完这套漫画绘声绘色的描述，你有没有发现，这简直就是自家孩子的翻版。在写作业的道路上，没有最磨蹭的孩子，只有更磨蹭的孩子。

可是我们有没有想过一个问题，孩子为什么如此大费周章地拖延写作业的时间，这背后是不是有什么我们不知道的深层原因呢？美国心理治疗师、家庭治疗师萨提亚提出了"冰山理论"，她认为，一个人的行为，只是"自我"浮于水面的一小部分，潜于水下更大的那部分内在世界却不为人所知，甚至当事人自己也无法轻易察觉。萨提亚鼓励人们不仅要去关注"冰山"表面的内容，还要关注潜藏在水面下的感受、观点、信念和期待，这样才能更好地解决冲突和问题。借助冰山理论，可以帮助我们更好地分析孩子不好好写作业行为背后的深层原因，了解孩子内心的真实想法。只有找到孩子不想写作业的真正原因，父母才能找到更有针对性的解决办法。

下面，我们从四个方面来分析。

1. 孩子不好好写作业，有可能是想吸引父母的关注

有的孩子不好好写作业，每写几分钟就会停下来做小动作，这种情况下，正在一旁忙工作或家务的父母就会过来提醒孩子好好写作

业。有的孩子可能会特别享受父母的这种关心，因此他会不断通过调皮捣蛋的行为来吸引父母关注自己。如果孩子有这方面的心理诉求，父母一定要好好反思，自己在日常生活中是否对孩子的陪伴时间较少，以至于孩子不惜抓住一切机会来博取父母的关注。

在日常生活中，我们发现孩子可能会有这样的行为表现：比如，平时妈妈在家的时间比较多，孩子大多数情况下都是由妈妈来陪伴和照顾的，孩子并不缺少妈妈的关注；而爸爸的工作特别忙，经常下班很晚，这种情况下如果爸爸下班回到家里，孩子就会表现得特别兴奋和激动，总想找机会让爸爸陪一下自己。此时孩子如果正在写作业的话，就有可能通过撒娇或捣蛋的方式来吸引爸爸的关注。

2. 孩子不好好写作业，有可能是对父母不当教育方式的一种抗议

一道明明很简单的计算题，父母给孩子演算了好几遍，孩子依然说自己不会做。这时候，父母就应该反思，是不是自己的教育方式存在问题。如果孩子出现了这种对抗情绪，就说明他对父母的教育方式产生了极大的不满，只不过由于年龄的原因，他现在无法硬碰硬地直接和父母对抗，只能选择这种"我不会做"或者磨蹭的方式来进行无声的抗议。要知道，孩子是一个有独立思想的个体，年龄再小的孩子都渴望得到父母的理解和尊重，没有一个孩子喜欢被父母吼叫、打骂。因此，父母在辅导孩子作业时，一定要控制好自己的情绪，切勿通过大吼大叫或打骂的方式来逼迫孩子学习，否则孩子表面上屈从于你的威风，乖乖坐在那里写作业，但事实上他并没有把心思放在作业上，甚至有可能暗地里在和你对抗。

3. 孩子不好好写作业，有可能是他在自暴自弃

一个自暴自弃的孩子是最难教育和引导的，因此无论如何都别让自己的孩子变成自暴自弃的孩子。有希望在，孩子至少还有学习的动力和目标，而一旦失去了希望，孩子就如同失去了引擎的帆船，只能在大海里漫无目的地漂浮着。如果有一天，任你随意打骂吼叫，孩子都不反抗，也不认真写作业，那么问题就严重了。这种情况下，你一定要反思，自己有没有伤害过孩子的自信心和自尊心，从而让孩子彻底对自己失去了信心和希望。

我有个朋友，脾气特别急躁。有一次，孩子考了七十多分，但他认为考试题目非常容易，至少应该考九十分才行，于是当天晚上，他怒不可遏地对孩子进行了严厉的责骂。刚开始，孩子还在找借口说自己粗心了，结果朋友听完之后更加生气了，于是说出了一句让他懊悔至今的话，他盯着孩子，一字一顿地说："你，就是个废物"。此话一出口，朋友惊呆了，孩子也惊呆了，空气仿佛凝滞了一样。朋友说，当他说完那句话之后就后悔了，因为他从孩子的眼神里看到了悲伤和绝望，紧接着，孩子红着眼睛告诉他："爸爸，你觉得我是个废物，那我以后就做个废物给你看吧。"

后来，我告诉朋友，在那种情况下，你哪怕打他两下，也比骂他是个"废物"强很多。

借这个真实的例子，我想提醒所有父母，在教育孩子的过程中，我们再生气、再失望，都不能有打击孩子自信的语言或行为。有时候，我们可能花费很多的时间和精力也不能显著提升孩子的自信心，但是一句不恰当的辱骂，却有可能瞬间摧毁孩子的心理防线，让孩子

变得自暴自弃。

4．孩子不好好写作业，有可能是感觉自己没有自主权

有的孩子不好好写作业，有可能是觉得自己一点儿自主权都没有，事事都得听从父母的安排，孩子虽然不敢直接表达自己的意愿，但是完全可以通过抗拒写作业的方式来向父母争取一点儿自主权。

现实生活中，有的父母的确喜欢掌控孩子的一切，小到孩子的穿衣吃饭，大到孩子的成长学习等，他们都想牢牢地控制在自己的手中。殊不知，这种专制式的教育方式，会在无形中将孩子推得越来越远。其实，学习也是如此，一个能够拥有一定自由空间和自主权的孩子，才能真正学会对自己的学业负责，而一个事事都要听从父母安排的孩子，反而很难在学习上有所突破。因此，作为父母，我们要学会适当地放权，给孩子一定的成长空间，允许孩子自主安排自己的作业顺序和作业时间。也许，刚开始的时候，孩子可能会因为自控力差，而出现磨蹭或走神的情况，但是我们依然要相信孩子，让孩子慢慢学会独立安排自己的学习，毕竟孩子才是学习的主角。

有些孩子不好好写作业，的确是因为自控能力比较差，但是也有相当一部分孩子，他们之所以会出现这样的行为表现，是因为在他们的心里，存在着这样或那样的不满或抱怨，当他们无力和父母进行正面对抗时，就会通过不好好写作业的方式来默默地向父母"宣战"。这种情况下，父母要做的事情，不是用自己的权威来压制孩子，而是应该放低姿态，站在孩子的角度反思自己的教育方式。父母只有及时调整错误的教育方式，才能让孩子放下不满和对抗情绪，心甘情愿地将注意力放到学习上面。

越唠叨，越逆反——心理学上的超限效应

中国父母对孩子表达爱意的方式，往往比较含蓄，经常把爱蕴藏在各种看似不经意的小事上面，比如"你冷不冷""你饿不饿""钱够不够花"，这些统称为"唠叨式的关爱"。简而言之就是，越唠叨，越代表"我爱你"。

但是，真正的爱是双向的，你发出爱的信号，我能收到，并且能感受到你的爱，这样的情感表达才是成功的，并不是说父母单方面的付出和奉献就叫爱。父母频繁唠叨，孩子不仅无法感受到父母的关心和爱护，相反有可能产生逆反心理。很多叛逆期的孩子，最讨厌的就是父母的唠叨。

心理学上有个"超限效应"，指的是刺激过多、过强或作用时间过久，从而引起心理极不耐烦或逆反的心理现象。说到"超限效应"，就不得不提起有关马克·吐温的一个小故事，"超限效应"就

是来源于这个小故事。

一天，著名作家马克·吐温到教堂听牧师演讲，刚开始他觉得牧师讲得很好，深受感动，于是打算捐款；可是十分钟后，牧师还没讲完，他就不耐烦了，决定只捐些零钱；又过了十分钟，牧师依然没有讲完，他便决定不捐了。

这个小故事告诉我们一个道理：出现问题千万别唠叨，你越唠叨，对方越逆反。

孩子写作业时的心情也是如此。当他沉浸在写作业的状态中时，最讨厌的就是父母的唠叨了，"快点儿写，快点儿写"，父母的每一句唠叨、每一句催促，都仿佛唐僧念咒一般让人烦不胜烦。另外，频繁的唠叨会让孩子的耳朵"长茧子"——你说你的，我做我的，我压根听不见你说了什么。甚至有些孩子还会因为父母的唠叨，选择无声地和父母对抗，你越催促他快点儿写作业，他就越故意磨蹭、拖延时间。

下面我们一起来看一个案例。

七岁的然然上小学了，老师要求7:50就要坐到教室里开始早读。可是，然然每天早上出门前都磨磨蹭蹭的，每次都是在妈妈的大呼小叫下，她才勉强走出家门。

每天7:00的闹钟刚响，妈妈就开始了连环催促模式："快点儿穿衣服，一会儿要迟到了。"

刷牙洗脸的时候，然然还没挤好牙膏，妈妈就开始唠叨："快点儿洗漱，一会儿要迟到了。"

吃早餐时，然然刚拿起面包，耳畔又传来妈妈急促的唠叨声："快点儿吃饭，一会儿要迟到了！"

临出门前，换鞋、背书包，每件小事，妈妈都会习惯性地唠叨七八遍。

刚开始的时候，然然听到妈妈的唠叨，还会提醒自己加快速度，可是随着妈妈的唠叨次数变多，然然彻底失去了想要快一点儿的动力，她甚至在妈妈唠叨四五遍的时候，故意磨磨蹭蹭。她想：还差三四遍才能唠叨完，我才不着急呢！

案例中的然然厌烦妈妈的唠叨，甚至故意和妈妈唱反调，妈妈越让她加快速度，她就越故意磨磨蹭蹭。然然的这种表现，其实就是"超限效应"的典型后果。当妈妈唠叨了无数遍之后，然然从妈妈这里感受到的不是积极的鼓励和关心，而是一种负面的情绪信号，她认为妈妈是在批评、指责自己。然然妈妈想要改变女儿的这种逆反状态，就必须要学会管理好自己的心态和情绪，即便内心非常焦虑，也要努力保持冷静和理智，尽量用平和、耐心的语言和孩子沟通。

父母想要摆脱"超限效应"的负面影响，就要努力保持冷静和理智，要让孩子愿意听你的教导，并促使他把这些教导落实到行动上，还要掌握以下几个和孩子沟通的小技巧。

1. 同样的事情催促不超过三遍

孩子在做一件事情的时候，无论父母的内心多么焦虑，都要不断提醒自己，千万不要反复催促孩子，最多不要超过三遍。否则的话，孩子不仅不会快速行动，反而有可能故意跟你对抗，从而放慢自己的速度。有的父母可能会说："那怎么办，不催促，难道就任由孩子磨蹭吗？"我想说的是，作为父母，如果我们总是担心孩子会磨蹭，那么孩子就会习惯于依赖父母的催促。比如，这次出门，你催促了他七次，他才没有迟到，那么下次，他可能需要你催促九次，才不会迟到。但是，如果你每件事情最多只催促三遍，那么至少在你催促他第二遍或者第三遍时，孩子就会自觉地加快速度了。

2. 努力将"超限效应"转化为"期望效应"

父母的频繁唠叨，很可能会激发孩子的逆反心理，与其这样，我们不妨做出调整，努力将"超限效应"转化为"期望效应"。所谓"期望效应"，是指人们对自己或他人的期望值越高，自己或他人的表现就越好。举个简单的例子，当一个人对你说"我相信凭你的能力，肯定能完成这个任务"时，你会感受到对方对你的鼓励和信任，也发自内心地愿意作出努力，从而不辜负对方对你的期望。同样的道理，孩子在写作业时，如果你对他说"这些作业，我相信你能在三十分钟之内完成，妈妈相信你有这个能力"，那么在孩子看来，这是父母对自己的肯定和期望。因此，为了不辜负父母的信任，孩子便会积极调整自己的行为，努力让父母为自己感到骄傲。

3. 父母也要适当降低对孩子的期望值

俗话说得好，"期望越大，失望就越大。"因此，避免让自己失望的最好方式，就是根据孩子的具体情况，适当降低对他的期望值，这样才能用心感受到孩子的每一点儿进步。回到写作业这个问题上，我们要有一双善于发现孩子闪光点的眼睛。举个简单的例子，孩子昨天写作业用了四十分钟，今天只用了三十七分钟，尽管孩子只快了三分钟，父母也应该抓住时机，好好地"夸赞"他一番。比如，你可以这样说："宝贝，你今天写作业比昨天快了好多，真棒！明天我们再认真一点儿，争取更快，好不好？"一句简单的鼓励，远比百句唠叨更有效。

父母的唠叨，原本代表关心与提醒，但是唠叨的次数多了，就会变成让人厌烦的"废话"。因此，作为父母，我们一定要学会管住自己的嘴巴，尽量别让唠叨变成让孩子逆反的"噪音"。

作业量太大，孩子就会"习得性无助"

在这里，我想讨论一个问题，当孩子超前完成了当天的作业之后，你是会按照之前的约定，允许孩子玩一会儿呢，还是希望孩子趁着时间还早，再做一点儿额外的作业呢？

在督促孩子写作业时，很多父母都抱有一种"占便宜"的心理，就是原本孩子需要用一个小时写完的作业，如果只用了四十分钟就完成了，这种情况下，有的父母就会想方设法哄骗孩子利用这剩余的二十分钟再做点额外的作业，否则父母就会觉得损失了点儿什么。

如果你骗孩子多做了额外的作业，表面看似让孩子多学了一会儿功课，但实际上你所损失的东西远比这额外的作业还要多。久而久之，孩子就会不再信任自己的父母，也不再愿意继续努力做好作业了，因为做完这些作业，接下来还有更多的作业在等着他。

心理学上有一个术语叫作"习得性无助"，意思是，当人反复失败或反复遭受惩罚之后，就会彻底放弃努力，听任别人的摆布。

"习得性无助"是1967年美国心理学家塞利格曼在研究动物时提出的。他用狗做了一项经典实验。刚开始，他把狗关在笼子里，然后打开蜂音器，在蜂音器响起的同时，对狗进行电击，狗在笼子里挣扎逃窜，但是依然躲不过电击。后来，蜂音器一响，再对狗进行电击，狗挣扎得就不那么厉害了。经过多次实验之后，蜂音器一响，即使不对狗进行电击，把笼子门打开，狗也不会逃脱，而且不等电击开始，它就会下意识地倒在地上呻吟和颤抖。

这个实验告诉我们一个道理，一个人如果一次次努力却看不到希望的话，时间久了，就会彻底放弃努力。学习也是如此，孩子如果每天面对没完没了的作业，时间久了，写作业的热情就会消耗殆尽。这也提醒父母，我们在平时给孩子布置家庭作业的时候，一定要有一个合理的限度，千万不要让孩子对作业感到厌倦。

我记得在教育学专业课上，老师给我们讲过一个心理学理论，叫作"跳一跳，摘桃子"。这个理论是说，如果桃子挂在一个人伸手可及的地方，那么这个人不需要努力就能轻松地摘到桃子，这样的话，他的蹦跳能力就无法得到锻炼；如果桃子挂在这个人需要努力跳一下才能摘到的地方，那么这个人就会通过自己的努力，摘到这个桃子，在摘桃子的过程中，这个人的蹦跳能力无形之中就得到了很好的锻炼；但是如果桃子挂在很高的地方，一个人即使再努力蹦跳也摘不到的话，那么这个人就会放弃努力。

苏联心理学家维果茨基的"最近发展区"理论，其实跟"跳一跳，摘桃子"理论有着异曲同工之妙。维果茨基认为，学生的发展水平分为两种：一种是学生的现有水平，指学生独立活动时所能达到的解决问题的水平；另一种是学生可能的发展水平，也就是学生通过教学所获得的潜力。两者之间的差异就是"最近发展区"，跳起来刚刚能够到桃子的高度就是"最近发展区"。一旦目标超过了"最近发展区"这个界限，孩子就有可能会出现"习得性无助"的心理状态，无论你如何鼓励，他也不愿继续努力向目标前进。

如果我们用"跳一跳，摘桃子"和"最近发展区"这两种教育心理学理论来看待写作业这个问题的话，是非常具有启迪意义的。由此，我们可以得到一个启示，即适量的作业可以帮助孩子从现有的水平提升到可能的发展水平，但是如果作业量超过了一定的限度，孩子则有可能连继续努力学习的信心都没有了。这就好比"摘桃子"的道理，如果桃子挂在了一个很高的高度上，孩子即便用了最大的力气也够不到的话，那么他就会彻底放弃摘桃子。

因此，我们在给孩子布置家庭作业时，一定要把握好限度，千万别超出了范围，让孩子对写作业产生厌烦心理，做法如下。

1. 布置家庭作业，要考虑孩子的具体能力

父母在给孩子布置家庭作业时，一定要考虑到孩子的具体能力，不能好高骛远，看见别的孩子做了多少作业，就要求自己的孩子也要完成同样的作业量。事实上，如果作业量超过了孩子的能力范围，那么孩子很可能就会出现"习得性无助"的心理问题，他会认为自己无论如何努力都达不到父母的要求，与其这样，不如一个字都不写

好了。

如果你的孩子能力比较强，在完成老师布置的作业之后，还有一定的能力去完成其他作业，那么父母可以根据孩子的情况适当布置一些额外的家庭作业，从而让孩子的学习能力得到进一步提升。

2. 父母答应孩子的事情，一定要言而有信

任何时候，父母答应孩子的事情都要言而有信，比如说，父母答应孩子在四十分钟内写完作业就可以自由地玩耍十分钟的话，如果孩子在三十分钟时间内认真完成了作业，那么父母就应该把节省下来的十分钟交给孩子自由支配。孩子无论想用这十分钟来继续做其他作业还是想用来玩耍，都是他的权利和自由，父母不能干涉。否则，父母会失去孩子的信任。

3. 短期目标比长期目标更能激发孩子的学习欲望

父母在给孩子制订学习计划时，千万不要把目标定得太高，否则一旦目标超过了孩子的承受能力，孩子就会丧失学习的动力。在这种情况下，我建议父母不妨把长期目标拆分成几个短期目标，然后用这些短期目标来激励孩子。这样做的话，既不会给孩子带来太大的压力，也能够让孩子有进步的动力，这个适当的短期目标对孩子而言就如同挂在适当高度的那颗桃子，他只需要努力跳一下就可以摘到了。举个简单的例子，如果孩子这次考了七十分，那么你可以给孩子制订一个短期目标，让孩子争取下次考八十分。但是，如果你直接跟孩子说，我希望你下次能考一百分，那么孩子听到这个要求之后，压力肯定会大。

　　总之，教育孩子需要技巧，父母在设置家庭作业和学习目标时，一定要根据孩子的具体情况，设定一个合理的限度，千万不要一开始就把目标定太高。否则，这个过高的目标会让孩子失去努力学习的动力。

第4章 省心、省事、省时间的"陪写大法"

在陪孩子写作业时，父母不应与孩子陷入"拉锯战"，而应多思考以下几个问题：如何省心、省事地陪孩子写作业，如何激发孩子的学习兴趣，如何让孩子写作业进入良性循环状态，如何让孩子改变写作业先松后紧的不良习惯，等等。其实，父母只要掌握一些好的教育方法和技巧，就可以轻松地解决这些问题。

培养孩子的学习兴趣，才能从根本上解决问题

　　家长们常常会有这样的困惑，就是孩子在看动画片或者玩游戏的时候非常投入，如果父母不限定时间的话，孩子可以看一整天动画片或打一整天游戏。然而与此形成鲜明对比的是，孩子一写作业就会不停地找借口——一会儿要上厕所，一会儿要去喝水，一会儿又跟父母商量能不能先玩一会儿。父母费了九牛二虎之力，好不容易才把孩子哄到了书桌前，结果他不是盯着书本发呆，就是反复削铅笔、玩橡皮，总之很难专注地投入到学习之中。每当这个时候，父母就会无奈地说："要是你写作业有玩游戏儿的劲头，早写完了！"

　　可是，不得不承认，对大多数孩子而言，学习是比看动画片或打游戏要痛苦的事情。尤其到了开学季，很多孩子都会出现各种厌学症状，很多家长也会一脸焦虑地带着孩子去看心理医生，更夸张的是，有的孩子甚至会在开学第一天就晕倒在学校。下面，我们一起来看看

《中国青年网》的一篇新闻报道吧。

2020年11月，家住泉州的七岁女童小雅，被家人带到了心理门诊。据家人介绍，2019年9月小雅成为一名小学生。她团结同学、热心助人，深受老师喜爱，还因此当上了班长。家人对她的在校情况很放心。可是，2020年国庆假期结束后开学的第一天，小雅就说腹痛难忍，家人马上带她到医院住院治疗。可是，在病情好转出院后没多久，小雅又开始腹痛不止，并再次住院。这次，家人在医生的建议下给小雅做了胃镜检查，结果显示一切正常。后来医生推测，小雅的腹痛可能是由于心理压力大引发，建议她的父母带她去看心理门诊。

案例中的小雅所呈现出来的症状，就是典型的"厌学综合征"，即学生因为不想学习，导致身体出现了异常症状。出现这一问题的根源在于，孩子没有对学习产生浓厚的兴趣。要知道，兴趣是做事的动力，凡事只要有兴趣在，大家就愿意持之以恒地坚持；可一旦没有了兴趣，甚至带有厌恶的情绪，就很难说服自己愉快地去做某件事情。因此，要想让孩子好好学习，关键就要培养孩子的学习兴趣，孩子有了学习兴趣，不用父母催促，就能自觉主动地进行学习。

要想培养孩子的学习兴趣，首先要弄清楚两个心理学概念，分别叫作"主动注意力"和"被动注意力"。主动注意力是指主体需要通过一定的努力，才能关注到某件事情；而被动注意力，是指主体不需要通过任何努力，就能将关注点集中到某一件事情上。看动画片、玩游戏之所以容易让孩子沉浸其中，是因为动画片和游戏一直是运动的画面，孩子不需要经过努力，就能自然而然地注意到它们，因此孩子更容易被动画片和游戏吸引。而学习时的书本和作业往往是静止不动的，它需要孩子动用一定的意志力，才能将自己的注意力维持在作业上面，这难以让孩子获得愉悦感，因此一提到写作业，孩子下意识就会磨磨蹭蹭。

现在，如果我们想要培养孩子的学习兴趣，一个很重要的方法就是要通过不断地训练来提升孩子的主动注意力。当孩子具备了强大的主动注意力之后，就能比较轻松地投入到学习状态之中。我们如果仔细观察，就能够发现：有些孩子写作业时，根本不需要父母反复唠叨、催促，就能够自觉主动地完成作业；而有些孩子即使父母催促几百遍，也会拖拖拉拉不愿开始学习。

孩子之所以会出现这两种截然不同的表现，主要是因为那些自觉的孩子拥有更强的主动注意力。因此，为了提升孩子的学习兴趣，父母应该针对孩子的具体情况，有意识地寻找一些能够激发孩子学习热情的好办法。

以下几点小技巧，父母不妨参考一下。

1. 利用"霍桑效应"来提升孩子的学习兴趣

1924年，哈佛大学的心理学家在霍桑工厂做了一项实验研究，他们想通过改善外在工作条件，找到一些提高员工工作效率的办法。结果发现，无论如何改善工作条件，工人的工作效率都没有得到明显提升。后来，他们请来了一些心理学家，这些心理学家在两年的时间内约谈了厂中的两万多名工人，耐心地听取工人的意见和抱怨，没想到的是，生产效率反而提高了不少。一件最有说服力的事情是，在一次实验中，他们抽取了六名女工作为研究对象，而这六名女工意识到自己是这些研究专家关心的对象之后，就更加努力工作，以此来证明自己是优秀的。这就是有名的"霍桑效应"。

我们可以利用"霍桑效应"来提升孩子的学习兴趣。其实每个孩子都渴望得到父母的关注和尊重。因此，作为父母，我们要在孩子学习的过程中尽可能地给予孩子自主权，比如，我们可以让孩子自由支配他的课余休息时间；在生活或学习中多听听孩子的抱怨和意见；在有关孩子学习的事情上，把孩子视为一个独立的个体，尊重孩子的建议和选择。孩子如果在学习的过程中感受到了足够的平等和尊重，那么他就愿意在学习中付出更大的热情。

2. 让孩子多读一些益智类的书籍

如果孩子不喜欢学习，那么我们可以让孩子多读一些益智类书籍，尝试开拓孩子的学习视野。在挑选益智类书籍时，我们应当尊重孩子的阅读兴趣，问问孩子感兴趣的领域有哪些，周末再带着孩子一起去图书馆或书店挑选他喜欢的书籍。阅读是打开知识世界的大门，一个喜欢阅读的孩子，多半也会喜欢上学习的。通过阅读，孩子能够知道自己的薄弱点在哪里；通过阅读，孩子也能够知道自己的知识储备有多么少。因此，为了更好地探索自己喜欢的领域，不用父母催促，他就会主动地去获取相关知识。在这个过程中，孩子会逐渐意识到阅读和学习的重要性，并且会主动通过学习来了解他所感兴趣的领域。

3. 通过亲子活动，激发孩子学习的好奇心和探索欲

要想让孩子对学习产生兴趣，就要让孩子对学习充满好奇心和探

索欲。孩子一旦对某事物充满好奇心和探索欲，不用父母催促，就愿意沉浸其中，并且能从其中感受到极大的快乐。然而，很少有孩子一开始就会对学习充满好奇心和探索欲。我们可以通过有趣的亲子活动让孩子学会观察生活，从生活中的小事情做起，逐渐养成喜欢探索事物的好习惯。

我女儿程程的学校，号召父母和孩子一起种植并观察百日草的成长过程，这个过程中，每天我都提醒孩子注意观察种子是如何发芽的、小芽有几片叶子、百日草的生长速度有多快，提醒孩子把百日草的生长过程用日记和图片相结合的方式记录下来。在这个过程中，女儿对植物的兴趣越来越浓厚，还请我帮忙在图书馆借一些有关"大米是怎么长出来的""醋和酱油是怎么来的"等问题的书籍。

学习也是同样的过程，我们要将着力点放在如何引导孩子的好奇心和探索精神这方面，让孩子尽量带着兴趣和问题去学习，并鼓励孩子独立思考问题的答案。孩子一旦养成了爱提问、爱探索、爱思考的良好习惯，就会对学习产生浓厚的兴趣。

总而言之，兴趣才是最好的老师。当然，让孩子爱上学习并不是一件简单的事情，这需要父母持之以恒地加以教育和引导。作为父母，与其花费很大的精力去监督孩子，倒不如静下心来，想想如何让孩子慢慢地爱上学习。

如何让孩子写作业进入良性循环

我们都知道，把一根橡皮筋绷得越紧，它的反弹力度就越大，打到手上就会越疼痛。监督孩子写作业的道理也是如此，如果我们把孩子管得过死，孩子就会想方设法地逃离我们的管控，对待学习的态度也会越来越消极、懒散。

上大学时，我分别给两家孩子做过家教。其中一家的孩子上四年级，妈妈放弃了老家的工作，带孩子在大城市租房借读。妈妈每天负责接送孩子和辅导作业，但孩子的学习成绩并不理想，因此请我周六和周日晚上给孩子补课。我发现每次我在辅导孩子作业时，妈妈就会放下所有的家务站在我们身后，紧紧地盯着我们补习。如果孩子有一道题没能及时回答上来，妈妈就从身后扑过来，给孩子背上一巴掌。在写作业的整个过程中，我感觉孩子就像一只受惊的小鸟，一直小心翼翼，生怕妈妈发脾气。后来，孩子仿佛陷入了恶性循环的魔咒，妈妈越严厉，孩子越心不在焉，哪怕妈妈离开房间五分钟，孩子都会有种如释重负的感觉，他会赶紧丢下笔，让自己放松一下。

另外一家的孩子上小学五年级，学习成绩总体来说不错，除了需要补课的科目之外，其他科目成绩在班里名列前茅。每次我辅导作业的时候，与前一家完全不同的是，孩子的妈妈就会自觉地去客厅做自己的事情。她跟我说，孩子写作业的时候，她很少陪在孩子身边，平时孩子爱读什么课外书，她也不怎么干涉，孩子除了学习成绩不错之外，平时的兴趣爱好非常广泛，军事、地理等方面的书籍也有涉猎。我在辅导功课的过程中，发现这个孩子对自己的学习有明确的规划和目标，知道什么时间应该做什么事情，写作业也从来不用父母催促。

这两个家长的不同教育模式，对我触动很大。它让我对写作业这件事情有了很深刻的感悟，那就是写作业的过程其实应该是一个良性循环的过程，父母越信任孩子，孩子就会越自律，这样双方都会感觉自由而轻松。然而，在很多家庭中，父母在孩子写作业的过程中，其实起了负面作用，这些父母打着"关心孩子"的幌子，其实是在时时刻刻监督着孩子的一举一动，这种不信任感会让孩子感觉非常沮丧、失望。在这种心境下，孩子在学习时也不愿投入太多的热情和兴趣。久而久之，孩子会认为，写作业似乎是父母的任务，只有父母在场的情况下，孩子才会装装样子认真写作业，而只要父母转身离开，孩子立马就会放下警惕，开始玩耍或做小动作。等父母一进房间，孩子就如同惊弓之鸟，立即收起玩具，变得"一本正经"。

这种紧张感和压迫感会让孩子感觉非常不自由。同样的，父母也会觉得非常失望，因为父母认为自己已经把所有的业余时间都给了孩子，可是孩子还是不好好写作业，他们就会认为付出和回报是不对等的。

要想摆脱这种糟糕的局面，我们就要学会适当放手，给孩子一定的时间和空间，让孩子重建父母对他的信任感。当然，有的家长会反驳说："你不知道，我家孩子情况不一样，你只要不盯着他，他就不专心。我时刻盯着他，他还能好好写一会儿作业。"我相信这位家长的说法，只要一放手，孩子立马就开始玩耍，但是我想说的是，信任感的建立，需要一个过程，孩子学会对自己的学习负责任，也需要一个过程，如果父母没有魄力放手的话，那么孩子永远都无法进入良性循环的学习状态。

在这里，我想强调一点，所谓的放手并不是撒手不管，而是通过循序渐进的引导，让孩子逐渐学会对自己的作业负责任。

在引导孩子养成良好习惯的过程中，以下几点需要父母格外注意。

1. 孩子偶尔走神，父母不要急着打断他

信任孩子，不只是挂在嘴上的一句口号，而应该体现到行动上。在孩子写作业时，我们应该待在远处，给孩子一个独立的学习空间，哪怕孩子出现暂时走神的问题，我们也不要上前指责他，而要让孩子自觉把思绪逐渐拉回到写作业的状态中。遇到这种情况，如果父母突然走过来提醒孩子不要发呆，那么一方面孩子会觉得父母在时刻监督自己，他会感觉非常没面子；另一方面，如果孩子习惯了依赖父母的

提醒，那么他的自我管理能力就不能得到很好的锻炼，因为他总会安慰自己："不着急，反正爸爸妈妈一会儿会提醒我的，现在不提醒，说明他们没发现我在玩"。因此，面对一个走神的孩子，最好的方式是在远处静静观察，而不是走过去打断他。

2. 自律精神是可以通过反复训练获得的

除了给予孩子一定的信任空间之外，父母还可以帮助孩子适当地进行自律方面的训练。比如，我们可以从收拾书包、整理衣柜、叠衣服这些小事情着手，让孩子慢慢学着管理自己的事情。我们千万不要小看这些生活中的琐事，一个孩子如果能把生活中的琐事安排得很有条理的话，在写作业的时候就能够合理地规划好自己的时间，因为自律已经成为一种刻在骨子里的良好习惯了。

在反复的训练和实践过程中，孩子的自我管理能力会越来越强大，孩子一旦养成了自律的习惯之后，他写作业时走神或玩耍的现象就会减少。

3. 在良性循环的过程中，偶有反复是正常的

写作业的良性循环建立之后，并不意味着孩子会永远把这些自律的习惯保持下去，而是会出现反复的情况。这时候，作为父母，我们一定要给孩子足够的信任和理解，因为孩子的心智尚未发育成熟，他不可能总是以高标准来约束自己，偶尔会出现走神、发呆或不好好写作业的情况。这种情况下，父母千万不要讽刺、挖苦孩子，而应该继续鼓励孩子把这些良好的习惯坚持下去。总而言之，我们要给予孩子犯错和改错的空间，相信孩子最终能够通过自己的努力，逐渐养成独立写作业的良好习惯。

　　"越信任，越自律，越自由"的写作业过程，是一个良性循环的过程，它不仅能让孩子从中感受到自我负责和成长的快乐，还能让父母摆脱焦虑和压抑的困扰。可以说，这是一个双赢的过程，父母和孩子都能从中获得快乐和自由。

孩子写作业"先松后紧"怎么办

如果我们问孩子，回家之后，你是先玩一会儿呢，还是先写作业？我相信大部分孩子的回答都是先玩一会儿。

孩子们最盼望的就是放寒暑假，因为在寒暑假里，每天不用早起上学，还有大量的时间用来玩耍。然而对于孩子们而言，美中不足的事情就是每到放假，就有一大堆作业在等着自己。同样的问题，如果我们问孩子，放假期间你是先写作业，还是先玩？我相信有相当大一部分孩子的回答依然是"先好好地玩，等玩够之后再写作业"。

这样的回答并不奇怪，因为爱玩是每个孩子的天性，在天性的驱使下，大多数孩子都会选择先玩尽兴，再做作业。这样的选择无可厚非，但唯一的问题是，很多孩子一旦开始玩之后，心就彻底变野了，原本在计划之中的写作业可能早就抛到了九霄云外。这也是为什么很多孩子经常在开学前一天晚上彻夜不睡来狂补作业的原因。

2021年，杭州一名小女孩连续熬夜补作业，竟然诱发癫痫发作。原来，这次放寒假，小姑娘彻底放飞了自我。她从父母手里拿到了朝思暮想的手机之后，就开始拼命追剧，上网冲浪，经常一玩就是一整天，结果在不知不觉中，她的寒假作业落下了很多。由于害怕老师批评，女孩只好在放假前的几天拼命补写作业，结果因压力太大而诱发癫痫发作。

案例中小女孩写作业的特点，就是典型的"先松后紧"，没有规划。孩子的这种写作业模式，除了跟天性爱玩有关之外，还跟孩子平时的学习习惯有着密切的关系。一般而言，选择"先松后紧"的孩子，平时在写作业的过程中经常会出现磨蹭、拖拉的现象。可是，在平时的学习中，父母并没有意识到孩子这些学习习惯所存在的严重问题，对孩子的这些行为选择"睁一只眼闭一只眼"。久而久之，孩子就形成了这种"能拖就拖"的思维习惯。在这种惯性思维支配下，一等到放假，这些孩子往往会选择先玩尽兴，然后再写作业，结果由于缺乏良好的自控能力，导致作业大量积压，往往拖到开学前几天才开始疯狂补写作业。

要想改变孩子"先松后紧"的写作业习惯，父母首先应该帮助孩子改变这种"能拖就拖"的思维模式。

接下来，我给大家推荐几个可以有效改变拖拉毛病的训练方法。

1. 十分钟训练法

在平时的学习过程中，我们可以针对孩子进行一些"十分钟训练"。简而言之，就是给孩子十分钟的时间，让孩子在规定时间之内，尽最大努力完成某一项学习任务。比如，我们可以让孩子用十分钟写三十个字，用十分钟读一本绘本，或者用十分钟预习完一篇课文。通过不断地训练，孩子的学习效率可以得到很大提升。在采用"十分钟训练法"时，为了让孩子对时间有一个更直接的感受，我们可以买一个十分钟沙漏，放在孩子的书桌前，让孩子根据剩余时间来调整自己的写作业速度。

2. 制订合理的作息时间表

在放寒暑假期间，为了让孩子"有紧有松"，能够把玩和学合理地结合起来，我建议父母不妨和孩子进行一次深入沟通，双方共同制订一个合理的作息时间表，约定每天大致的玩耍时间和写作业时间，并提醒孩子按照约定的内容来规划自己的学习和生活。这里需要注意的一点是，在制订作息时间表时一定要听取孩子的意见和建议。只有在尊重孩子需求的基础上制订作息时间表，孩子才愿意遵守这份作息时间表。倘若父母一意孤行，完全不顾及孩子的意愿，那么这份作息时间表在孩子看来就是一份非常讨厌的"紧箍咒"。在这种心理支配下，孩子肯定不愿意好好执行这份作息时间表。

3. 让孩子坚持每天打卡

如果孩子的自控能力比较差，那么父母可以建议孩子每天坚持打卡，通过打卡的方式来督促自己完成当天的作业。在打卡的过程中，父母可以给孩子二至三天的自由支配权，允许孩子在这几天的时间内可以不用打卡。比如，某一天，孩子想约同学去外面玩，只要时间没有超过自由支配的天数，孩子就可以自己做主。在打卡的过程中，父母可以建议孩子把当天所完成的作业进行简单总结和梳理，总结和梳理出来的"成就"可以让孩子获得满满的充实感。这份充实感会激励孩子再接再厉，继续把"打卡"这件事坚持下去。

　　爱玩是孩子的天性，作为父母，我们没必要剥夺孩子的这种天性，只需要通过适当的教育和引导，改变孩子这种"能拖就拖"的错误思想，让孩子掌握一些自主管理时间的技能就可以了。孩子只有平衡好"玩和学"的相互关系，才能真正感受到"玩得尽兴，学得充实"的快乐。

培养好习惯可以让孩子写作业的效率翻倍

有的家长抱怨说，孩子的作业太多了，每天晚上都得写到10：00，甚至11：00。孩子揉着惺忪的睡眼，还趴在桌子上熬夜写作业，这样的情景让人看着非常心疼。

2020年，佳木斯市的一位妈妈发布了一个视频。视频中，儿子在写作业，桌子上摆满了书和本子，妈妈坐在儿子对面，看着儿子写作业。这位妈妈非常失望地说，别人家的孩子晚上7：00就把作业写完了，自己的孩子却磨磨蹭蹭，到晚上11：00还没写完。这位妈妈看上去一脸疲惫，愁容满面，急得眼泪都要流出来了，一旁的儿子却显得不急不躁，神情淡定，依然在不紧不慢地写着作业。

案例中的妈妈算是比较理智的，当孩子熬夜写作业到晚上11：00

时，她并没有把责任推给老师，而是认为因为自己的儿子写作业磨蹭，才熬到了深夜。

生活中有的妈妈一看到孩子写作业时间太晚，就责怪老师布置的作业太多，害得自己的孩子熬夜写作业，于是，这部分家长就拼命呼吁老师减少家庭作业。我们并不否认，有些老师可能在布置作业的时候没有考虑到孩子的实际情况，导致孩子的作业量比较大，但大多数情况下老师布置的作业量是合理的。因此，父母应该经常观察其他孩子的作业完成情况，如果别的孩子在晚上七八点就完成了家庭作业，自己家的孩子却要熬到半夜时，那我们就要反思，是不是自己孩子写作业的效率太低了。

对于这部分孩子的家长而言，呼吁老师减少家庭作业，并不能从根本上解决问题，提高孩子写作业的效率，才是根本的解决办法。

那么父母应该怎么做，才能提高孩子写作业的效率呢？

我的女儿程程曾经也面临过写作业效率太低这样的问题，我希望女儿可以更快地完成作业，这样她可以节省出更多的自由时间来玩耍或休息，张弛有度的节奏才能让她更好地体验到生活和学习所带来的快乐，我不希望她的所有课余时间都是在写作业中度过的。

每个孩子的拖延都有各种各样的原因，我仔细观察了女儿一段时间的写作业情况，发现她的态度非常认真，只是写字的速度太慢了。针对这个情况，我有意识地引导女儿加快写字的速度，同样的生字量，现在她需要二十五分钟的话，那么我就鼓励她下周把时间控制在二十分钟以内，下下周，我希望她把时间控制在十五分钟以内。随着训练次数的增多，女儿写字的速度明显加快，她写作业的整体效率也提高了不少。

除了让孩子加快写字速度之外，我建议大家可以从以下几个方面着手，来帮助孩子提高写作业的效率。

1. 要让孩子养成善于利用零碎时间的良好习惯

我们千万不要忽视孩子的零碎时间，如果把这些时间好好利用起来的话，孩子是可以完成一部分作业的。每天下午，在孩子放学回家的路上，我们可以先跟孩子沟通晚上的作业大概有哪些，如果作业里有需要背诵的内容，我们就可以让孩子利用回家这段时间来背诵这部分内容。在背诵过程中，父母如果发现孩子有不熟悉的内容，那么回家之后再让他看一眼课本，把这部分内容再熟悉熟悉就可以了。零碎时间很适合孩子用来背诵课文或复习白天的知识点，如果充分利用起来的话，就可以减少晚上写作业的时间。

2. 要让孩子养成认真做事的好习惯

认真是一种学习态度，一个认真的孩子，对待作业也会一丝不苟，不用父母催促，他就会自觉主动地完成所有的家庭作业。但是，做事认真的好习惯不是一朝一夕养成的，它需要一个日积月累的过程。一个孩子如果在生活上丢三落四、邋邋遢遢的话，在写作业的时候，就很难做到严谨细致、规范整洁。因此，作为父母，我们不要过分娇惯孩子，生活中应该让孩子学着整理玩具、衣物，收拾书包、书桌等，当他养成了认真做事的习惯之后，做其他的事情也会很认真。

3. 要让孩子养成按时睡觉的好习惯

女儿偶尔一次晚睡，第二天放学后写作业时看起来就会非常疲惫，眼睛盯着书本的时候也是一副心不在焉的样子。在这种情况下，我只好让女儿闭上眼睛在沙发上躺十至十五分钟的时间，经过短暂的休整之后，女儿才能高效率地写作业。因此，父母要想让孩子提高写作业的效率，就要让孩子养成按时睡觉的好习惯。如果孩子总是隔三岔五熬夜的话，他的睡眠时间就无法保证，这会让孩子非常疲惫。人在疲惫的状态下，是无法集中精力做事的。因此，充足的睡眠、良好的作息习惯才是提高学习效率的基础，一个连睡眠都无法保证的孩子，是没办法快速完成作业的。

4．让孩子养成合理分配时间的好习惯

对于低年龄段的孩子而言，让他学会独立管理时间是一件比较困难的事情，但是我们可以从分配时间着手，让孩子学会合理安排自己的作业时间。作为父母，我们并不比孩子更了解他白天的学习状况，因此晚上写作业的时候，我们应该放手让孩子尝试分配自己的作业时间，鼓励孩子按照先易后难的顺序，逐步完成所有的学习任务。比如，如果孩子认为语文作业比数学作业简单，那么我们就可以让孩子先把语文作业做完，再去做数学作业。如果我们不考虑孩子的实际情况，逼着孩子把数学作业先做完的话，那么孩子有可能会在数学作业上面浪费大量的时间。等孩子做完数学作业之后，时间已经很晚了，再写语文作业时，就会因为身心疲惫导致语文作业无法很好地完成。这种的时间安排，会打乱孩子的学习计划。

5．让孩子养成提前预习的好习惯

我们应该让孩子养成提前预习的好习惯，在预习的过程中，可以建议孩子根据自己掌握的情况，对知识点进行不同的标注，比如，完全掌握的知识点，画一个"对勾"；似懂非懂的知识点，画一个小圆

圈；而完全不懂的知识点，可以画一个小斜杠。这样做，在第二天上课的时候，孩子就可以重点听"似懂非懂"或者"完全不懂"的知识点，从而做到不慌不忙、心中有数。

我相信，如果孩子养成了以上几种良好的行为习惯之后，那么他写作业的效率会有一个很大的提升。因此，从现在开始，我们不要抱怨作业太多，也不要抱怨孩子太苦，与其花费时间在抱怨上面，不如用心帮助孩子养成良好的生活习惯和学习习惯，提高孩子写作业的效率。

四大技巧点燃孩子写作业的热情

　　天生喜欢写作业的孩子应该不多，但是我们完全可以通过一些有效的教育技巧来点燃孩子写作业的热情。

　　说到这里，我想起了一件事情。

　　我六岁那年，刚上小学一年级，家庭作业里有一道数学题是这样的："一棵小树苗现在长到了十厘米，经过一段时间的浇水、施肥，它又长了六厘米，请问现在小树苗有多高？"我知道这道题目的答案很简单：10+6=16（厘米）。

　　那天下午，爸爸妈妈正好有空余时间陪我写作业，为了加深我的理解，他们拿起粉笔，和我一起在地上画了一棵十厘米高的小树苗，然后又在旁边用尺子画了一棵十六厘米高的小树苗，两个小树苗之间的高度差，妈妈用粉笔在那里标了一个"6"。

直到现在，我都记得那个美好的下午，我和爸爸妈妈蹲在地上，画了好半天的小树苗，一起来验证"10+6"到底是不是"等于16"。

不能说父母所采取的这种教育方式，让我对数学多么感兴趣，但这种方式是至少让我觉得学习数学是一件很美好的事情。

孩子的快乐非常简单，有时稍微给学习增加点儿趣味，就能让孩子对学习的热情提高不少。我记得小时候的化学课上，老师做了个简单的变色实验，我们全班同学就激动得快要沸腾了；英语课上，老师让同桌之间相互用英语进行自我介绍，我们都会觉得激动不已。

女儿的戏剧课老师有一天给孩子们布置了一项作业：孩子们先熟读《三只小猪》的台词，然后再选择一个角色来扮演。回到家之后，女儿特别兴奋，我们把台词打印出来之后，女儿拿着台词反反复复读了好几遍，还热情地拉着我和她爸爸一起配合她来扮演"猪老二"。有空的时候，女儿还用音响反复播放《三只小猪》的故事，从而更好地理解故事里的各种小细节。

我在想，如果父母肯在孩子写作业的时候，稍微花费一点儿小心思，让写作业的过程变得更有趣的话，那么孩子的学习热情是否能得到很大的提升呢？

以下几点想法，大家可以尝试。

1. 和孩子一起共享学习时间

有个爸爸在家里打造了一个"作业屋"，"作业屋"既是孩子写作业的场地，也是父母学习的场地。每天，一到孩子学习时间，父母就放下手中的工作和家务，和孩子一起走进"作业屋"里开始学习。在这个共同的学习天地里，孩子趴在书桌上安安静静地写作业，父母则坐在旁边安安静静地读书，全家一起共享美好的学习时间。在这样的家庭氛围里，孩子会觉得学习是一件特别美好的事情。我们没必要特地为孩子打造一个专门的"作业屋"，却可以放下手中的家务和工作，和孩子一起学习，给孩子营造一个良好的学习氛围。

2. 将传统的客厅改造成一个开放式的书房

一般情况下客厅作为接待客人的场所，往往摆放电视、茶几、沙发等家电、家具。但是，为了孩子的教育，我们完全可以把传统的客厅改造为一个开放式的书房，比如在客厅放置一个书架，书架上摆上孩子喜欢的各种书籍。等孩子写作业累了的时候，我们允许孩子挑选一本喜欢的书坐在客厅看，如果孩子看书累了，我们还可以在书架上放置一些益智类的玩具或手工作品，让孩子在客厅适当地放松一下。在这个开放式的书房里，学习和玩乐是交织在一起的，孩子可以根据自己的时间安排，将学习和娱乐完美地结合在一起。这样的话，孩子就不会感觉写作业是一件无聊的事情了。

3. 孩子做错题时，父母不要急着批评

孩子做错题时，父母不要急着批评孩子，否则不仅会打乱孩子的学习思路，还会让孩子感觉非常沮丧。比如，孩子拿回来一张试卷，上面大部分题目是对的，只有个别题目是错的，这种情况下，父母就可以从孩子做对的题目里选择一道题出来，鼓励孩子说："这道题目，我觉得它很难，你竟然都能做对，真的太厉害了。"紧接着，你再指着一道做错的题目告诉孩子："那么难的题你都能做对，这道题相信你肯定也能做出来。"相信在父母的鼓励下，孩子会越来越喜欢学习的。

4. 教会孩子解题思路，比教会一道题更有价值

如果孩子在写作业的过程中碰到一道不会的题，父母不必急着把详细的解题步骤罗列给孩子，而应该在旁边适当地"点拨"就行。通过父母的"点拨"，一部分孩子就能通过独立思考，找到解决问题的思路和办法。父母只有在"点拨"之后孩子依然没有任何解题思路的情况下，才有必要把这道题给孩子详细地讲解。需要注意的是，我们在给孩子讲解题目的过程中，依然要引导孩子学会主动思考，直到孩子能够真正理解这道题的解题思路为止。

那么，我们如何才能确定孩子是否理解了这道题的解题思路呢？很简单，父母可以出两三道类似的题目交给孩子自己去解答。孩子如果能够很快做出来的话，说明已经掌握了这道题的解题思路；孩子如果做不出来，就说明还需要父母进一步引导。辅导作业应该是一个启发孩子思维意识的双向活动，不只是家长一个人的事情。在主动思考的过程中，孩子会收获强烈的自信心和自豪感，当他攻克一道难题之后，就会有更大的兴趣去攻克接下来的另一道难题。如果你先把解题思路毫无保留地讲给孩子了，那么他可能会觉得学习是一件非常没意思的事情。

当孩子不愿意写作业的时候，父母的唠叨、责骂只会让孩子更加讨厌写作业。我们可以在条件允许的情况下，尽可能地找到一些提高孩子学习热情的小技巧，比如，通过改变学习的氛围、改变批评的策略等一系列办法来提高孩子学习的积极性。

给孩子检查作业的方法

家有学生的父母，基本上每天晚上都有给孩子检查作业的任务。千万别小看了这项简单的任务，里面其实蕴含着很多非常有用的方法。这些方法如果运用得当，就会让孩子学习热情高涨。

我们小的时候，作业大都由老师来批改。做对的题目，老师会在旁边打一个红色的"对勾"；做错的题目，老师会毫不留情地在旁边画一个大大的"红叉"。这个醒目的"红叉"，估计所有的孩子都害怕看到吧。

女儿上小学一年级之后，我发现现在老师批改作业的方式与我小时候老师批改作业的方式相比，有了很大的改变：做对的题目，老师会在旁边打一个红色的"对勾"；做错的题目，老师不会再画一个大大的"红叉"，而是在题目的旁边用红笔画一道斜杠，让孩子自己去检查问题。等孩子把问题检查出来改正之后，老师就会把斜杠改成一个红色的"对勾"。我认为这种批改方式非常好，一方面，它很好地保护了孩子的自尊心，让孩子不会因为那个触目惊心的"红叉"而感到沮丧；另一方面，它可以让孩子独自把错题找出来，然后尝试自己改正，在这个过程中，孩子的审题能力和检查能力都能得到很好的锻炼。

对于低年龄阶段的孩子而言，考试题目的难度一般不会太大，孩子不能拿满分的一个很重要的原因就是粗心。比如，读题不认真，题目要求用减法，孩子算成了加法；还有可能孩子做完题目之后，不会自己检查问题，不能及时发现做错的题目。要想解决孩子学习过程中的粗心问题，我们就应该重视孩子平时的作业情况，让孩子把每一次作业都当成真正的考试来对待。那么，怎样才能让孩子把每一次的作业都当成考试呢？我认为，父母检查作业的态度，直接影响孩子对待作业的态度。

在这里，我想用我女儿的例子来说明一下。

女儿平时的学习成绩还不错，有一次学校组织了单元测试，我以为女儿会像平时一样拿到满分，结果试卷下来之后，我发现她的数学成绩只有九十多分。我大概扫了一眼题目，就知道女儿的问题出在哪了。女儿在做那道题时，应该没有认真读题，就想当然地按自己的思路写上了答案。

接下来，我想帮助女儿改掉不认真读题的坏习惯，就给她打印了一份测试题，作为她的周末作业。这套题目并不难，只要认真做题就可以拿到满分。在做题之前，我提醒女儿，一定要认真读两遍题，最后还要认真检查两遍试卷，确保没有错误之后，才可以把试卷交给我。最后，我特地强调，我会严格按照考试评分的标准来批改这份作业。女儿听到之后，立即拿出了对待考试的做题姿态，在整个做题的过程中认真读题，认真检查，直到确认无误，才把试卷郑重地交到我的手里。我也言而有信，拿起红笔，像对待考试试卷那样认真地批改女儿的作业。每道做对的题目后面，我都会打一个"红勾"。在孩子眼里，"红勾"就代表着满满的荣誉，女儿看到红色"对勾"，就会特别激动。改完试卷后，我还在试卷上方，用红笔写下了"100分"，女儿看到这一幕非常开心。

这次给女儿批改作业让我明白了一个道理，我今后如果想让女儿养成认真做题的良好习惯，就要拿出认真批改作业的姿态来，对待作业要像对待考试试卷一样严格。如果我把女儿的每一次作业都当作考试试卷来对待，那么女儿自然而然地也会把自己的每一份作业当作考试试卷来对待。事实证明，经过一段时间的训练之后，女儿写作业的态度更加认真了。

接下来，我想分享一些有关检查作业的方法，这些方法我们如果掌握得当的话，可以很好地提升孩子学习的热情。

1. 写错的生字和拼音，在下面画个小圆圈就可以

如果孩子在做作业的过程中写出了错误的生字和拼音，妈妈不要急着给孩子指出错误，也不要在孩子的错题上面画一个大大的"红叉"。正确的做法应该是在写错的生字和拼音下面，用红笔画一个小圆圈，提醒孩子自己去检查作业里面的问题，并尝试独自把错字或拼音改正过来。这种方法既可以保护孩子的自尊心，又会让孩子养成认真检查、积极思考的好习惯。

2. 等孩子做完所有的作业，父母再检查

有的父母喜欢在孩子写作业的时候站在孩子的身后，盯着孩子的一举一动，但凡孩子出点儿小错误，父母就会立即跳出来责骂孩子。这种做法，一方面会很容易伤害孩子的自尊心，让孩子感觉自己是一个被监督的对象；另一方面会打断孩子的学习思路，不利于孩子专心写作业。在孩子写作业的过程中，父母最好能给孩子营造一个安静的学习氛围，不要在中途去打扰孩子，即便孩子出现了错误，父母也要按捺住自己的焦虑情绪，等孩子做完所有的作业之后，再过来检查也不迟。

3. 孩子偶尔做错题时，父母不要揪着不放

孩子年龄还小，在做作业的时候难免会出现错误，这种情况下很多父母都会采取一种错误的教育方法，就是逮着孩子的一道错题揪着不放，反复批评、责骂。这会严重挫伤孩子写作业的积极性和主动性，让孩子对写作业这件事情产生恐惧心理，严重的话甚至会产生厌恶心理。一份作业，如果孩子大部分习题都能做得很好的话，父母应该大方送上自己的鼓励和表扬，在这个基础上再用委婉的话语告诉孩子："这次作业做得很棒，就是这两道题错得有点儿可惜，下次写作业时，如果再认真一点儿的话，就更完美了。"批改完作业，孩子就知道自己错在哪里了，即便你不责骂他，他应该也会感觉很惭愧，因为没有一个孩子不想变优秀。在这种情况下，一个点到为止的建议，远比责骂更能让孩子意识到自己的问题所在。

4. 检查作业之前，问问孩子有没有自查一遍

每次在给女儿批改作业之前，我都问女儿一句，你认真检查作业

了吗，确定没问题了吗？在得到女儿的肯定答复之后，我才开始检查她的作业。我之所以问这个问题，是因为想让女儿明白，检查作业是非常重要的，有些错误在做题的时候没有发现，但是通过仔细检查就有可能把它们找出来及时改正，这是避免犯错误的最后一道保障。如果孩子养成了认真检查作业的良好习惯，那么今后无论他碰到任何考试，这种良好的习惯都会让他把试卷中的错误率降到最低程度，让他终身受益。

看完这些，你有没有发现，检查作业真的是一件非常讲究方法的事情。检查作业的过程，不仅是发现孩子学习问题的过程，更是引导孩子养成良好学习习惯的过程。作为父母，我们一定要提升自己检查作业的能力，通过检查作业，让孩子学会对自己的学习负责任。

第5章　时间管理法，让你和孩子事半功倍

孩子写作业总爱磨蹭、拖拉，本来一小时就可以完成的作业，非要耗到两三个小时，这个问题一直困扰着很多父母。其实，让孩子学会时间管理法，让他成为学习的主人，就能从根本上解决孩子写作业拖拉的问题。在这章，你将会了解一些有效、科学的管理时间的方法，让你和孩子在解决写作业拖拉问题上达到事半功倍的效果。

孩子作息时间不规律的真正原因

　　孩子作息时间不规律，主要原因是孩子写作业时磨蹭、拖拉，原本一个半小时就可以完成的作业，硬生生拖到了三个小时，还常常占用睡眠时间。如果孩子经常晚睡早起的话，那他的睡眠时间就被大大压缩了，等到第二天上课时，一个睡眠不足的孩子是很难全神贯注听讲的，因此孩子次日的学习效率会大受影响。这其实是一个恶性循环：孩子写作业越拖拉，越晚睡，学习效率越低；学习效率降低，结果写作业更拖拉……当孩子陷入写作业和晚睡的怪圈之后，他的作息时间就彻底变得一团糟。

　　除了写作业磨蹭之外，孩子的作息时间还跟父母的作息时间有很大的关系。你如果仔细观察，就会发现，父母习惯晚睡，孩子也喜欢熬夜，而父母习惯早睡早起，孩子也会有早睡早起的习惯。由此可见，父母在孩子作息方面有着很大的影响力，想要解决孩子作息时间不规律的问题，父母应该从自身做起，努力让自己的生活作息变得规律起来。

女儿晚上写完作业之后，我和先生还有一大堆事情要做：餐桌没有收拾干净，一家人的衣服没有洗，手头的工作没有完成……刚开始的时候，我们想让孩子自己去洗漱，等她上床休息的时候，我们手头的工作也差不多做完了，这样大家可以一起休息。但事实是，当孩子发现父母没有休息的打算时，她洗漱的速度会磨蹭很多。这样导致的后果就是，你拖延一会儿，我拖延一会儿，结果大家把休息时间硬生生从晚上10：00拖到了10：30。

后来，我和先生商量，决定大家一起给孩子营造一个良好的作息氛围。等女儿完成所有的作业，稍微放松十分钟之后，我们全家就会一起洗漱，为睡觉做准备。我发现，当我们做出这样的改变之后，女儿的动作也变得迅速多了。等女儿进入睡眠状态之后，我们再起床继续做家务或处理手头的工作。

通过这个例子我们可以看出，如果想解决孩子作息时间不规律的问题，父母必须和孩子共同努力。

具体而言，我们可以从以下几方面着手，努力来调整彼此的生活、学习时间。

1. 父母和孩子共同制作一份作息时间表

我建议，父母可以和孩子共同协商制作一份作息时间表，规定作业完成的最晚时间、洗漱准备的最晚时间、上床睡觉的最晚时间等。

这份作息时间表制订完之后，父母要和孩子互相监督，确保每一个人都严格按照作息时间表的规定来调整自己的作息时间。为了确保大家都能严格遵守这份作息时间表，父母可以制订一些合理的奖惩措施，比如，如果孩子这周的作息时间非常规律的话，我们可以奖励孩子一些零食，或者奖励孩子去一次游乐场。当然，如果孩子没有遵照时间表作息的话，那么父母可以适当对孩子采取一些惩罚措施，比如剥夺孩子周末看动画片的权利，或者取消对孩子的零食奖励。按照作息时间表生活、学习或工作一段时间之后，孩子和父母的作息时间将会规律许多。

2．父母要起到模范带头作用

任何时候，父母都要起到模范带头作用，主动调整自己的工作和生活时间，确保自己的作息时间是规律的。父母不要在孩子面前解释说"爸爸因为有工作要做，所以才会晚睡"或者"妈妈因为有家务没做完，所以才会晚睡"。如果每次父母都找这样的理由来为自己开脱的话，那么孩子也可以找类似的理由来反驳你，比如，孩子会说："因为今天的作业比较多，所以我可能会晚一点儿睡觉。"当孩子提出这个理由时，你是没有办法拒绝的，因为你给孩子起了不好的带头作用。如果父母真的有工作和家务没有做完，完全可以等孩子睡着之后，再继续做。相比之下，更糟糕的情况是，有些家长喜欢玩手机，他们会一边催促自己的孩子早点儿睡觉，一边却拿着手机玩个不停。作为父母，你都不懂得自律，还有什么权利去指责孩子呢？

3．周末或寒暑假期间不要让孩子赖床时间太久

孩子平时学习太辛苦，上学时每天都晚睡早起，睡眠不足，因此

到了周末或寒暑假，父母都会让孩子睡到自然醒，想让孩子好好补补觉。这个想法的初衷是好的，但是很多孩子在父母的默认之下，养成了赖床的不良习惯。孩子明明已经睡醒了，却不下床洗漱，而是继续躺着享受这种赖床的感觉。我们可以适度允许孩子赖一会儿床，但是千万不能让孩子赖床的时间太久，因为时间久了，孩子就会养成懒惰、懈怠的毛病，整个人的精神状态也会变得消沉慵懒，从而影响正常的生活和学习。因此，即便在周末或者寒暑假期间，我们也应该给孩子制订一个合理的作息计划，让孩子在规定时间内起床洗漱，合理安排生活和学习。如果在放假期间任由孩子赖床的话，孩子的整个学习状态都将是懈怠的，而且这种懈怠的状态会持续到新学期开学，甚至这种状态可能很长一段时间都无法调整过来。

作为学生，一定要有良好的精神风貌，而这种良好的精神风貌与平时的作息习惯有很大的关系，孩子如果在平时的生活、学习中总是磨磨蹭蹭，习惯于把作业拖到深夜才写完的话，就会长期睡眠不足，极大地影响学习效率。作为父母，我们一定要以身作则，给孩子起一个模范带头作用：平时做事，养成干净利索、不拖沓的良好习惯；到了晚上休息时间，也要尽快洗漱上床，让自己的生活作息变得规律一些。这样的话，孩子看在眼里，也会跟着父母一起行动，让自己的生活、学习变得越来越有规律。

给孩子设定合理的时间管理表

　　孩子上幼儿园时，生活和学习大多由父母来安排，孩子的拖沓问题并不会困扰父母。可是，等孩子一踏进小学校园，对父母心理冲击最大的问题就是时间管理问题：孩子早上起不了床，吃饭太磨蹭，上学总是迟到，写作业磨磨蹭蹭，熬夜到很晚。

　　如果家里有个磨蹭的孩子，那么父母一天的日子基本上是这样过来的。

早晨催起床

　　早上的闹铃响了好几遍，可孩子的眼皮愣是没抬一下，父母只好开启催促模式：叫第一遍，孩子不起床；叫第二遍，孩子揉着惺忪的睡眼，哼哼唧唧回你一声；叫第三遍，父母按捺不住焦急的心情，音量提高了好多倍，孩子才不情愿地准备起床，只见他躺在床上，闭着

眼睛穿衣服……十五分钟之后，孩子终于坐到了餐桌前，一个剥好的
煮鸡蛋，孩子硬是吃出了法式大餐的优雅，左啃一小口，右啃一小
口，十分钟过去了，手里还剩大半个鸡蛋。

回家催作业

放学回家，父母先带孩子在外面玩一会儿，结果说好的十五分钟
玩耍时间，愣是拖到了三十分钟才回家。好不容易吃完饭，开始写作
业了，结果孩子又开启了磨磨蹭蹭的写作业模式：刚坐下没有五分
钟，他就开始削铅笔；然后动笔写字五分钟，又要上厕所；过一会儿
又想吃水果……半个小时过去后，作业本上的第一行字还没写完。

晚上催睡觉

孩子上小学之后，父母的设想是晚上9:00上床，9:30入睡，结果
理想很美好，现实很残酷。晚上9:30，孩子才写完作业，紧接着又要
准备第二天要用的书本和文具，磨磨蹭蹭又把时间拖延到了10:00。

如果家里有这么一个磨蹭的孩子，那么父母的生活就会无比煎
熬。可是，孩子为什么会把一件简单的事情磨蹭到如此夸张的地步
呢？我认为，除了跟父母平时的教育引导有关之外，还有一个重要的
原因，那就是孩子对时间管理没有一个清晰的概念，不知道对自己的
时间负责任。那么，怎样才能帮孩子设定一个合理的作息时间表呢？

我认为可以从以下三个方面着手。

1. 帮孩子制订一份"晨起清单"

父母可以帮孩子设置一个"晨起清单"，把早上起床后需要做的
一系列事情细分好。比如标注好起床、穿衣服、刷牙、洗脸、吃早

餐、穿鞋这些事情，并且在每个件事情后面都写上需要在多少时间内完成，比如起床需要五分钟，穿衣服需要八分钟，刷牙需要两分钟，洗脸需要两分钟，吃早餐需要十分钟，穿鞋需要三分钟等。如果孩子能够在规定的时间内完成某一件事情，父母就可以在这件事情下面的方格里画一个"对勾"；如果孩子不能在规定时间内完成这件事情，父母就可以在方格里画一个斜杠。实施一段时间之后，我们就能通过这个晨起清单，看到孩子在哪一件事情上面浪费的时间比较多。在接下来的时间里，我们可以重点对孩子加强这方面的速度训练。

2. 帮孩子制订一份"睡觉清单"

同样的，我们可以参考"晨起清单"帮孩子设置一个"睡觉清单"。为了制订出更加合理的"睡觉清单"，我们可以对孩子睡前的各项准备工作所需时间进行观察，并进行记录。比如，孩子什么时间开始洗漱，什么时间开始换睡衣，什么时间躺到床上，又是什么时间才睡着的，等等。通过对孩子一段时间睡前习惯的记录，我们能发现孩子在睡觉前的准备工作有哪些地方是合理的，有哪些地方是不合理的。这样，我们可以根据孩子的具体问题，采取有针对性的改进措施。

我曾帮女儿制订过一份"睡觉清单"，在对女儿的睡前习惯进行了一段时间的观察和记录之后，我发现女儿睡前刷牙的时候磨磨蹭蹭，原本两分钟就可以完成的事情，她却有可能拖延到五分钟。我观察之后发现，女儿拿起牙刷之后，会走出卫生间，摆弄一下这个玩具、把玩一下那个玩偶，时间就这样浪费掉了。针对女儿的这个问题，我们做了规定，今后在刷牙的时候，最好不要走出卫生间，以免被其他事情分神，从而影响入睡的时间。

经过一段时间的调整之后，女儿一旦进入卧室和卫生间，就会快速刷牙、洗脸、换衣服，否则的话，她的"睡觉清单"下面的斜杠就会越来越多。

3. 帮孩子制订一份作业清单

写作业磨蹭，可能是导致孩子时间管理混乱的一个很重要的原因。如果孩子写作业占据的时间过多，那么他的早晨起床时间和晚上入睡时间必然会受到影响。因此，在孩子的时间管理中，作业清单无疑是最重要的一环，在制订作业清单时，父母应该投入更多的时间和精力。

要想帮孩子制订一个合理的作业清单，我们需要对孩子写作业的整个流程进行梳理，很多孩子在写作业过程中经常以喝水、上厕所等作为借口逃避写作业。对此，我们可以在时间管理的过程中，给孩子预留充足的喝水、上厕所时间，避免孩子在写作业过程中频繁找理由离开书桌。

比如，在写作业之前，预留十分钟用来喝水、上厕所；然后根据孩子当天的作业量，约定写作业的时间，比如四十分钟或六十分钟；孩子写完作业之后，父母帮助孩子检查作业的时间可能需要十五分钟，在检查作业的过程中，孩子可以自由活动十分钟；完成作业之后，预留十分钟的预习时间，让孩子对第二天的新知识有一个大致的了解；等孩子完成所有的作业和预习之后，他就应该收拾书包准备休息了。当然，有的孩子在收拾书包的时候会磨磨蹭蹭，因此父母需要将孩子收拾书包的时间进行细化，然后放置到作业清单中。

　　解决孩子拖延问题的关键所在，就是让孩子知道做某件事情大概需要多少时间。当孩子面临着起床、写作业、睡觉等一系列事情的时候，他的时间管理就有可能出现混乱。这时候父母出面帮孩子制订一个合理的时间管理表就显得非常重要了，因为它可以将孩子所有的作息时间做合理而精确的规划。

　　我相信，经过一段时间的练习之后，孩子会对自己做每件事情的时间有一个合理的安排和把控，不用父母反复催促，他也会在规定的时间内把这些事情做好。

六步让孩子学会自主管理时间

当孩子成为时间的主人之后，他还会被磨蹭、拖拉这些问题困扰吗？我想，答案应该是否定的。

从女儿五岁开始，我就反复询问女儿："你可以做自己时间的主人吗？""你可以安排好你的生活吗？"

"可以啊！"女儿答应得非常干脆。可是一回到生活中，她就变成了时间的"奴隶"，刷牙需要五分钟，早餐需要二十分钟，就连出门穿鞋也得磨蹭好半天。

"宝贝，你知道你已经迟到了十分钟吗？"

"妈妈，我已经很快了。"

"可以放下你的玩偶了吗？"我催促道。

"我再亲它一下就好。"

"宝贝，你已经迟到了十五分钟。"

"妈妈，十五分钟这么快吗？"

"……"

我做梦都想女儿有一天，能够真正成为自己时间的主人。

可是，我也知道，在培养孩子良好的生活习惯和学习习惯方面，唯一的捷径，便是管理时间。一个不会自主管理时间的孩子，永远也成为不了时间的主人。

有时候，我在想一个问题：我们日复一日地催促孩子，催完吃饭催作业，催完作业催洗澡……可是，我们发现催完这些，前面还有更多的事情等着我们去催促。结果，我们变得越来越唠叨，但是孩子的速度好像并没有提高多少。我们如果能够教会孩子做自己时间的主人，教会孩子自主管理自己的时间，那么便可以适当地放手，给彼此一点儿呼吸的空间，这样的话，孩子轻松，我们也轻松。

为了更好地实现这个目标，我们可以分几个步骤，逐渐让孩子掌握自主管理时间的能力。

下面，我们就来一起探讨这些步骤吧。

1. 让孩子充分认识时间

很多孩子在做事情的时候，习惯磨蹭、拖拉。在这种情况下，父母下意识的举动就是一遍遍的催促和唠叨，可是孩子仍然我行我素、无动于衷。孩子会有这种表现，一个很重要的原因就是他没有时间概念，对五分钟、十分钟，或者十五分钟没有一个清晰的概念。当父母催促无数遍，说时间只剩下五分钟的时候，孩子竟然还不知道五分钟的时间究竟有多长。因此，我们要想改变孩子磨蹭的习惯，让孩子学会自主管理时间，就要教会孩子认识时间，理解时间的概念。

我认为，沙漏是帮助孩子认识时间最好的工具，因为它相对于钟表而言更加直观和好玩。为了让女儿更好地认识时间，我分别买了三分钟、五分钟、十分钟、十五分钟、二十分钟、三十分钟的沙漏放在家里。孩子洗漱的卫生间、弹钢琴的台面、写作业的书桌上，甚至吃饭的餐桌上，都摆上了沙漏。这么做的目的，是想让女儿对所有的时间有一个清晰、形象的认知。下次我说"再过五分钟，我们就要回家"的时候，女儿至少知道五分钟大概有多久。

2. 让孩子根据轻重缓急对事情进行分类

等孩子充分认识了时间之后，紧接着我们就要让孩子学会分类，让他把当天需要做的事情，按照轻重缓急做详细的分类。经济学上有一个原则叫做"帕累托原则"，它是由经济学家帕累托提出的。帕累托认为，在任何一组东西中，最重要的只占其中一小部分，约20%，其余80%尽管是多数，却是次要的，因此"帕累托原则"又被称为"二八定律"。比如，20%的客户有可能给你带来80%的业绩，世界上80%的财富是被20%的人掌握着。根据帕累托原则，做事情要分轻重缓急，应该把80%的注意力放在20%的关键事情上。

放学回家之后，孩子需要做的事情一共有这么几大类——玩耍、吃饭、写作业。放学回家，孩子要做的第一件事情是吃饭，吃饱了饭才有力气做其他的事情，而且吃饭这件事情并不需要占用太多的时间，因此我们只需要预留少部分时间来完成就可以了；吃完饭之后，孩子需要适当地活动一下，促进消化，而且大脑经过一天的学习之后，也需要适当地缓冲一下，因此吃完饭之后，有必要给孩子留出一些玩耍时间；最后，就到了最重要的事情——写作业的时间了，它所需要的精力和时间最多，也是一件对孩子影响最大的事情，因此应该让孩子调动80%的注意力来做这件事情。

3. 让孩子制订时间管理表

孩子根据事情的轻重缓急，把自己放学之后的事情分为吃饭、玩耍和写作业三大块，又根据侧重点不同，把精力主要放到写作业上面。在对所有的事情有了大致的分类之后，接下来，我们可以让孩子自己制订一个时间管理表，让孩子对这三大块内容做一个简单的时间划分，从晚上6:00到9:00，孩子总共有三个小时左右的时间来完成这三件事情，其中吃饭需要多少时间，玩耍需要多少时间，而写作业又需要多少时间，孩子需要对它们所用的时间进行分配。

值得注意的一点是，在制订时间管理表时，我们要充分尊重孩子的意见，因为只有孩子认可的时间分配方案，他自己才愿意去遵守它、执行它。

4. 父母应该确保孩子能够严格执行这些任务

制订好时间管理表之后，父母和孩子双方应该共同努力，确保它能够得到切实执行。在这个过程中，父母需要给予孩子有力的教育和引导，在孩子松懈的时候鼓励他，确保孩子能够根据时间管理表的规定来安排自己的行动。父母对时间管理表中的所有计划应该有一个清晰的态度，明确哪些事情是孩子必须要做到的，哪些事情可以允许孩子有适度的弹性，哪些事情在特殊时期是可以放弃的。父母的态度对孩子的执行力有很大的影响，如果父母采取"睁一只眼闭一只眼"的态度的话，那么孩子也会得过且过、敷衍了事。如果父母的态度非常坚定的话，那么孩子即便想偷懒，也会督促自己努力完成这些任务。

5. 对任务的完成情况进行总结

孩子制订了时间管理表，并严格按照时间管理表的规定执行了一段时间之后，父母应该引导孩子及时对任务的完成情况进行总结：吃饭、玩耍、学习三大块内容完成的情况如何，有没有出现超时的情况，哪部分完成的情况比较好，哪部分完成的情况比较差，其中问题出在哪里，等等。孩子应该对这些情况做到心中有数，并相应调整自己的作息时间。比如，孩子如果写作业的时间严重超时，就应适度提醒自己，想办法加快写作业的速度，确保总体时间不超过三个小时，否则他就要牺牲自己吃饭和玩耍的时间，来确保总体任务的完成。

一份好的时间管理表是需要不断修改、调整的，而对任务完成情况及时总结，可以让孩子明白，今后应该在哪些方面做出调整，才能实现效率最大化。

6. 孩子不断强化自主管理时间的能力

如果孩子能对放学之后的时间做到自主管理之后，我们就可以放手让孩子尝试对其他的事情进行自主管理，比如早上起床之后的时间安排、寒暑假的时间安排、周末的时间安排等，都可以让孩子按照上面的五个步骤来自主管理。

现实生活中，那些能够在学业上取得优异成绩的孩子，无一不是对自己的生活、学习独立掌控的孩子，他们不用父母的唠叨和催促，也不用老师的强迫和批评，就能自觉主动地安排好自己所有的事情。在求学的道路上，他们就是自己的灯塔和引擎，让自己持续不断地朝着最终的目标去努力。

　　一个拥有自主管理时间能力的孩子是无往而不胜的。在学习的道路上，任何艰难困苦都打败不了他，懈怠、消极、松散、拖沓，这些困扰着孩子的坏习惯，都将没有藏身之地。

忍住，别插手，给孩子一定的自主权

很多时候，我们抱怨孩子的自理能力差，却忽视了我们自身的问题，我们是不是经常越俎代庖，剥夺孩子独立生活、成长的自主权呢？

有一次，我跟朋友聊天，朋友问我："你女儿每天早上上学，衣服是自己穿吗？"那会儿女儿刚上大班，每天早上起床之后，她都是自己刷牙、洗脸、穿衣、吃饭，我觉得对于一个六七岁的孩子而言，自己的事情自己做，这是一件再正常不过的事情。而朋友随后说了一句话，让我非常震惊，她说："我儿子也想自己穿衣服，可是他速度太慢，穿件衣服要二十分钟甚至半小时，而我帮他穿衣，只需要五分钟就好了。不然的话，早上上学会迟到。"

"那等他到了八九岁，早上上学时间更紧张，你也要帮他穿衣服吗？”我问朋友。

“等他到了八九岁，我就不管他了，他爱磨蹭到几点就几点。”朋友不以为然地说。

“那他到时候穿衣服还磨磨蹭蹭，上学迟到了怎么办呢？”

“车到山前必有路，到时候再说吧。”

孩子如果在幼儿园大班都没有养成自己穿衣服的习惯，等他进入小学一年级，早上上学时间更紧张的时候，我想恐怕很难一下子就能做到快速地穿衣、洗漱吧。任何良好习惯都需要坚持很长一段时间才能养成，不可能短时间内迅速出现。

如果朋友当初能多一点耐心，给孩子一点儿生活自主权，允许孩子先从慢慢穿衣服做起的话，那么等孩子进入小学一年级时，说不定只需要十分钟的时间，就能穿好所有的衣服了。

写作业也是如此，也许孩子刚开始写作业的时候会磨磨蹭蹭，十分钟的作业可能需要三十分钟才能完成。但是，我们仍然应该坚持让孩子独立完成作业，随着孩子一天天进步，他写作业的速度会越来越快，时间从三十分钟到二十分钟，再到十五分钟，都是有可能的。

通过穿衣服和写作业这两件小事，我们能够明白一个道理：作为父母，当我们看到孩子在笨手笨脚地做一件事情的时候，千万要克制自己想要插手的冲动，试着放手让孩子去做，用不了多久他就会越来越熟练。

生活和学习都是如此，只有放手让孩子自己去尝试，他才能更快地成长。父母能帮助孩子一时，却帮助不了孩子一世，人生是一场马拉松，而不是短跑比赛，即便你使出浑身解数帮他赢得一场比赛，也不能让他的人生因此变得更精彩。唯有让他自立自强，他才能获得真正的成长。

一新闻资讯平台曾对全国二十九名省级高考状元进行调查分析。在被问到"父母是否会干预你的学习"时，25名状元表示"几乎不会"，4名状元选择"偶尔会"，没有人选择"经常会"。

由此可见，自主能力强的孩子，成绩更优秀。我们如果想让自己的孩子变得自律、独立，从现在开始就要学会放手，无论生活还是学习，都给予孩子一定的自主权，让孩子学会自己的事情自己做。

1. 生活琐事，让孩子学着独立去处理

生活中的琐事，交给孩子自己去处理，父母不要总想伸手帮孩子。孩子的书桌、卧室乱了，放手让孩子自己去整理。哪怕孩子刚开始的时候不知从哪里下手，可能花费一个下午的时间才能整理好一个房间，那也没关系。凡事都有一个慢慢熟悉的过程，总有一天，孩子能够熟练完成这些事情。其实，很多孩子小时候很喜欢干家务，比如给衣服打满肥皂沫、拎起拖把来拖地，他们能从这些家务活中感受到动手的乐趣。只不过父母总有太多的顾虑，嫌孩子浪费肥皂，嫌孩子把地面搞得乱七八糟，嫌孩子笨手笨脚、浪费时间，于是便剥夺了孩子干家务的乐趣。其实父母完全可以放手让孩子干点儿家务，这样的话，不仅可以锻炼孩子的动手能力，也会让孩子从生活琐事中习得认真做事的好习惯。

2. 适当放手，让孩子做自己学习的主人

随着孩子逐渐长大，父母应该适当放手，给孩子一些学习上的自

主权，让孩子自己安排自己的学习时间。放学之后，孩子如果觉得非常疲惫，可以先休息一会儿，等孩子休息充足之后再去学习，才能效率更高。一味逼迫孩子写作业，只会让孩子变得更加拖拉、磨蹭；在安排学习任务时，我们也应该给孩子一定的自主权，让孩子根据实际情况去安排作业的先后顺序。

万事开头难，孩子在刚开始安排学习任务的时候，难免会出现磨蹭、拖拉、开小差等问题，对此父母可以通过适当的教育和引导，让孩子学会对自己的学习负责任。孩子只有认识到自己才是学习的主人，辛苦的付出能够带来快乐和自信时，才愿意专注地学习。真正的学霸，不用父母唠叨和催促，就能主动地学习。在学习上，他们是自己的主人，知道什么时间干什么事情，也知道自己接下来努力的方向在哪里，这样的学习状态，才是最好的。

3. 放手让孩子思考做事的意义和价值

我们应该常常问孩子，他觉得做某件事情有没有意义。父母通过这样发问，让孩子学会思考所做行为背后的意义是什么。有一天下午，我女儿表现特别棒，她在两个小时内，独自完成了钢琴、作业、阅读等一系列学习任务，而且在每项任务之间，她还给自己安排了十五分钟的运动时间，主动拉出瑜伽垫，在上面练习舞蹈动作。当女儿完成这些事情之后，我问她："你今天做事这么快，只用了两个小时就完成了所有的学习任务，还主动练习了舞蹈动作，妈妈实在是太惊讶了。妈妈想问问你，你觉得今天下午过得有意义吗？"女儿笑着点了点头。

也许，七岁的女儿对"意义"的理解还不够深刻，但是，我希望通过这种发问，让女儿有一种独立思考的意识，多想想自己做的每件事情，究竟有没有价值和意义。一个孩子，如果能够意识到做某件事有意义的话，就会在今后的生活和学习中，投入更多的精力。一个追求做有价值、有意义事情的孩子，在青春期到来之后，一般不会把时间用在早恋、上网聊天、抽烟、喝酒这些事情上。

　　一个拥有自主权利的孩子，更容易掌控自己的生活和学习。因此，父母应该学会放手，给予孩子一定的自主空间，鼓励孩子自己的事情自己做，允许孩子有犯错和试错的机会，这样才能让孩子真正成长为一个为自己的生活和学习负责的独立个体。

不打不骂，让孩子接受自然惩罚

孩子做事磨蹭，一个小时的作业非要用两个小时来完成，父母看在眼里，急在心里，情绪一激动，巴掌就打上去了。

在深圳就有这样一位父亲，他在认真辅导儿子写作业，可是一道简单的题目，父亲讲了一遍又一遍，孩子依然听不明白。不仅如此，在整个写作业的过程中，孩子的思想一点儿不专注：一会儿转笔，一会儿上厕所，一会儿吃水果，每次父亲想要深入地给孩子讲讲这道题时，孩子都会找借口溜之大吉。这位父亲本来脾气就很暴躁，再看到儿子一系列的拖拉行为，再也忍受不了了，在情绪的左右下，他猛地抬手扇了儿子一巴掌。这一巴掌力气很大，孩子瞬间就倒在了地上，当时就蒙了。看着倒在地上的儿子，这位父亲马上就后悔了，可是碍于面子，他并没有询问儿子的情况怎么样。

结果第二天，孩子才告诉父母，自己的耳朵好像听不清楚声音了。心急如焚的父母把孩子送到医院检查，结果医生说孩子的耳膜有了破洞，可能听力会有所减弱。听到这里，这位父亲后悔不已。

案例中的父亲因为孩子不认真写作业，磨磨蹭蹭，一怒之下便打了孩子一巴掌，自己心里的怒火是发泄出来了，却对孩子的身心造成了一定的伤害。恐怕这个孩子以后再也不想让父亲给自己辅导作业了。生活中，很多父母在辅导孩子作业时，都存在打骂孩子的行为，这种行为会对孩子的心灵造成很大的伤害。有的孩子会因为父母的打骂彻底厌烦写作业，有的孩子则会因为父母的打骂变得内向、自卑、缺乏自信。总而言之，打骂孩子，除了能够让父母发泄心中的怒火之外，对孩子的学习和成长没有任何好处。

在所有的惩罚措施里，打骂是一种最为低级的手段，这种行为其实是在告诉孩子，作为父母，我很无奈，我没有更好的办法来教育你了。其实，除了打骂，还有更好的惩罚措施，比如自然惩罚的方式。自然惩罚法也叫自然后果法，是法国教育家卢梭提出的一种教育方法，就是当孩子犯了错误时，父母不要过多地批评孩子，而是让孩子自己承受错误行为所带来的后果，孩子感受到了不愉快的心理体验之后，就会主动改正错误。比如，孩子如果不爱整理自己的东西，总是丢三落四，那么就要为自己的这种行为负责。具体而言，孩子如果因为丢三落四，弄丢了作业本，第二天早晨上学时就会手忙脚乱地去找作业本，这种情况下父母可以不管不问，让孩子自己来承担这种后果。

自然惩罚的方式，可以变消极被动为积极主动，让孩子通过承担后果，学会为自己的行为负责任。自然惩罚的方式属于惩罚措施中比较温和的方式，此外还有呈现性惩罚和取消性惩罚。呈现性惩罚，是指用不愉快的结果或厌恶性刺激来实施惩罚，比如指责孩子。取消性惩罚，是指通过愉快的结果被取消来实施惩罚，比如剥夺孩子的某些特权或者娱乐时间等。

总之，在对孩子进行惩罚时，我们要以教育引导为目的，惩罚的时间要合适，强度要适当，避免因惩罚方式不当让孩子产生心理阴影。

父母在对孩子采用惩罚措施的过程中，以下几点是尤其要注意的。

1. 避免机械性惩罚

我们在对孩子进行惩罚时，千万要避免机械性惩罚，所谓机械性惩罚，就是通过破坏性的手段，让孩子重复性地做某一件事情。比如孩子没能按时完成作业，父母便惩罚孩子把作业抄十遍，甚至一百遍；孩子没能熟练背诵一篇古诗，父母便惩罚孩子背诵一百遍。生活中很多机械性的惩罚措施带来了让人哭笑不得的后果：有的孩子为了尽快完成抄写任务，同时用五根铅笔写字；有的孩子只求数量不求质量，字写得龙飞凤舞，歪歪扭扭。这种机械性的惩罚措施，只会让孩子更加讨厌学习，讨厌父母，根本起不到教育的作用。可行的做法是，如果孩子没有在规定的时间内认真完成作业，我们就把他后面所有的娱乐性项目通通取消。

2. 避免报复性惩罚

父母在愤怒的状态下，对孩子的惩罚很容易带有报复性，这种报复，要么施加在孩子身上，要么施加在父母身上，总之是一种以发泄愤怒为目的的惩罚方式。曾经有新闻报道，湖北荆州一位妈妈因为孩子淘气，不爱写作业，一气之下在晚上跳入了家中的水井，无论丈夫和女儿怎样哭求，她都拒绝救援。最后还是女儿跪在井边不停地给她磕头请罪，这位妈妈才在消防员的帮助下爬上了水井。这种报复性的惩罚措施，虽然施加在父母身上，但其实是对孩子的一种精神报复，报复孩子不认真写作业，报复孩子淘气不听话。采用报复性的惩罚措施，会让亲子关系变得非常糟糕，孩子虽然会屈从于父母的胁迫，暂时选择乖乖听话，但随着他的思想逐渐成熟、独立，他与父母之间的关系会越来越疏远。

3. 避免羞辱性惩罚

在对孩子进行惩罚时，我们要就事论事，千万不能将怒气发泄在孩子身上，对孩子进行人格侮辱或人身攻击。之前就有新闻报道，因为孩子不好好写作业，父母让孩子脱光衣服站在外面，或者让孩子在大庭广众下跪，这种惩罚方式对孩子而言是一种非常严重的精神伤害，是对孩子人格的羞辱，这种惩罚方式甚至比打骂的后果更严重。任何时候，我们都要维护孩子的尊严和脸面，不能以剥夺孩子尊严和脸面的方式来逼迫孩子就范，否则的话，你极有可能会彻底失去孩子的信任和尊重。

采用自然惩罚的方式，会规避上面这三种危害性惩罚所带来的恶劣后果，它在本质上是让孩子学会对自己的行为负责任，他如果想看动画片或玩耍，就要说服自己好好写作业，而不是磨蹭、拖拉、做小动作。他内心明白，所有的拖延行为实际上是在剥夺自己本该享受的正当权利。

　　真正的惩罚要触及孩子的内心，让孩子感觉内疚、懊悔，当他下次想犯同样的错误时，会发自内心地告诫自己不要再这样做，如果做了的话，他会因此感觉更加内疚和懊悔。在今天所列的惩罚方式中，自然惩罚最温和，孩子不好好写作业时，父母不妨多用用自然惩罚的办法。

第6章　各个年级的作业，家长应该怎么陪孩子写

不同年级的孩子，需要不同的陪伴方式。比如，在陪一年级的孩子写作业时，父母要把关注点放在孩子的书写上；二年级的孩子需要培养良好的学习习惯；三年级是孩子学习生涯的一道"分水岭"，要防止"三年级现象"；四五年级是否还需要父母陪孩子写作业呢？陪不同年级的孩子写作业时，需要注意哪些问题，又有什么好的方法呢？

陪一年级的孩子写作业，关键在于写好字

　　孩子上幼儿园的时候，父母几乎没什么压力，即便老师偶尔做个小测试，一般也不会给每个孩子打分。总体而言，无论对孩子还是家长来讲，幼儿园的时光还是很快乐的。但是，孩子一旦进入小学一年级之后，立即就进入了一种全新的状态，老师时不时会对孩子进行单元测试、期中测试、期末测试，至于平时加减法运算测试、生字认读测试，更是数不胜数。这种紧迫的考试形势让父母变得焦虑不安，毕竟每次考试结束，老师都会在试卷上标注孩子的考试成绩。

　　每个家长都希望自己的孩子考高分，孩子一旦考了高分，回到家里，家庭氛围都很和谐。可是，孩子一旦考了低分，家里的气氛就会"乌云密布"。大多数父母都会在意孩子的分数，但在平时的教育中，我们却不能只向分数看齐，而忽视了孩子良好学习习惯的培养。

　　一年级的孩子识字量有限，在考试的过程中，由于对题目的解读

不够透彻，就会在做题过程中出现驴唇不对马嘴的情况，导致试卷错误频出。这种情况下，父母先不要过分关注孩子的分数，而应该将关注点放在孩子的学习态度和学习习惯方面，孩子只有拥有认真的学习态度和良好的学习习惯，在未来才有可能取得优异的成绩。

一年级孩子应当养成的各种好习惯中，正确的书写习惯至关重要。认真写字，是一种好的学习习惯，更是一种态度。一般而言，那些写字一笔一画、端端正正的孩子，学习会比较认真，而那些写字龙飞凤舞、歪歪扭扭的孩子，在学习上多半不会特别认真。

下面，我们先来看一个案例吧。

七岁的嘉嘉现在正上小学一年级，平时写作业的时候，爸爸妈妈总嫌嘉嘉写字太慢，每天都要唠唠叨叨，催促嘉嘉快点儿写。后来，嘉嘉为了迎合父母的要求，一味求快，结果导致作业本上的字迹非常潦草，老师在批改作业的时候，经常连他写的是什么字都看不出来。老师多次找嘉嘉的父母沟通，希望他们能在家里认真监督孩子写字，争取把孩子写字的习惯给纠正过来。于是，嘉嘉妈妈就给孩子报了一个书法培训班。

两个月过去后，妈妈发现嘉嘉写的字并没有多大的改善，看上去依旧龙飞凤舞、歪歪扭扭的，于是嘉嘉妈妈就找到培训班的老师了解情况，老师在听完嘉嘉妈妈的描述之后，感觉非常惊讶。老师说嘉嘉在书法班上的表现还是很不错的，老师布置的作业，他都能一笔一画、规规矩矩地写。妈妈这才明白，平时在家的时候，他们总是要求嘉嘉快点儿写作业，却忽视了孩子的写字态度，因此嘉嘉在家里写作业的时候总是敷衍了事，而一到培训班里，在老师的鼓励和指导下，嘉嘉感觉写字非常有趣，便愿意一笔一画按照老师的要求写字。

案例中，嘉嘉在培训班和在家里两种截然不同的表现，说明他并不是写不好字，而是不愿意写好字，他的问题主要出在了学习态度方面。如果孩子只是单纯不会写字或写不好字，那么父母完全可以把孩子送到书法班，在短时间内让孩子学会写字。可一旦孩子的学习态度出了问题，父母花再多的钱，用再多的时间也是无用的。因此，父母在陪孩子写作业的时候，应该把重心放在孩子写作业的态度上，叮嘱孩子一笔一画，认真把每一个字都写规范。孩子只要养成了认真写字的良好习惯，将会终身受益。

综上，与其说孩子是在练字，倒不如说孩子是在培养自己的学习态度。

孩子在写字时，父母一定要注意以下几方面的问题。

1. 孩子的笔画顺序是否正确

孩子在写字之前，我们应该将每个字的正确笔画给孩子演示一遍，以免孩子写错笔画。在语文考试中，有一种题目叫作数笔画，比如它会问树木的"木"，第三笔是什么笔画，孩子如果在平时写字的过程中不注意笔画顺序的话，很可能就会答错这道题。写错笔画顺序除了影响考试成绩之外，还会让整个字体的结构看上去不够美观。一般而言，中国的汉字讲究"先横后竖、先上后下、先左后右、先中间后两边、先外围再内部"的笔画规则，在孩子写字之前，父母应该把正确的笔画规则教给孩子。

2. 孩子的字体结构是否规范

孩子在写字时，不仅要注意笔画顺序，还应该注意字体结构是否规范。在一年级的孩子写字时，我们最好给他准备一个田字格本，让他在田字格里一笔一画地写字。在写每个字之前，我们应该提醒孩子注意观察这个字的整体结构是怎样的，它的一笔一画在田字格里分别对应的位置是哪里。在写字后，孩子可以观察整个字的结构是否规范，有没有超过田字格的范围等。孩子把字写规范之后，整个页面才会看起来整洁大方。

3. 刚开始写字，不要盲目追求速度

孩子刚开始学习写字时，父母不要让孩子盲目追求写字的速度，而忽略了写字的质量。一年级的孩子手部力量不够大，在写字时，难免会出现写一会儿停一会儿的现象，这并不意味着孩子在做小动作，而是因为孩子确实写字写累了。在这种情况下，我们应该给孩子留出适当的休息时间，避免孩子手部用力过度，出现手腕受伤的情况。在布置写字作业时，家长应该根据孩子的情况，适量布置，不要盲目求多，否则孩子一旦出现逆反心理，就再也不愿意好好写字。

好的字体，不仅能彰显孩子的学习态度，还能看出孩子的性格特质，能让孩子受益终身。因此，对一年级的孩子而言，父母在陪孩子写作业时，一定要把注意力放在孩子写好字上面，等孩子养成了良好的写字习惯之后，他的学习情况会有很大改观。

陪二年级的孩子写作业，重在培养学习习惯

如果把一年级比做一幢大厦的基石，二年级则是进入大厦的阶梯。孩子在攀登的过程中，培养良好的学习习惯，无疑是助推自己进步的"加速器"。孩子如果能顺利登上这个台阶，未来的学习就会越来越顺利，而对于爬坡有些费劲的孩子而言，学习前景不容乐观。

父母在陪二年级的孩子写作业时，不能再像陪一年级的孩子写作业时那样，将重点放在孩子写好字上面，而应该引导孩子养成良好的学习习惯，为未来的学习打下牢固的基础。对于二年级的孩子而言，他不再需要父母搬个小凳子坐在身后，时刻陪伴、监督他了，此时的他更需要一个独立成长的空间，逐渐学习如何更好地安排自己的学习时间。

一年级时，孩子可能缺乏一定的注意力，因此总会在学习时找一些借口来逃避写作业，比如喝水、上厕所、玩玩具等。在一年级的时

候，父母可以对这样的"借口""睁一只眼闭一只眼"，不必太过苛责孩子，但是当孩子进入二年级之后，父母就需要给他制订严格的学习规则，比如要在写作业之前完成喝水、上厕所这样的生活琐事，写作业期间不能抱玩偶、玩玩具，等等。

凡事贵在坚持，培养习惯也是如此。可是有些父母帮助孩子改善不良习惯的决心很大，在执行的时候却会变得心软，比如对孩子的逃避行为"睁一只眼闭一只眼"，这种做法对孩子的习惯培养非常不利。下面，我们一起来看一个案例吧。

八岁的欣欣现在是二年级学生了，最近妈妈为她写作业的事情简直操碎了心。下午放学回来，妈妈早已把晚饭准备好了，就为了不耽误她写作业。可是，刚坐到书桌前不到五分钟，欣欣就捂着肚子，一脸痛苦地看着妈妈说："妈妈，我肚子疼，想要上厕所。"

一写作业就想上厕所，这是欣欣在一年级时惯用的"伎俩"，妈妈本想拆穿女儿的小把戏，但是一想到孩子的自尊心，只好皱着眉头，象征性地提醒了一句："今晚的作业不少呢！"

"可是，我连上厕所的权利都没有了吗？"欣欣捂着肚子，又是一脸痛苦状。

"那你快点儿去吧！"妈妈犹豫了一下，最终还是答应了女儿的请求。

可是十几分钟过去了，欣欣依然坐在马桶上翘着一双小腿，悠然地晃来晃去。

　　案例中的欣欣并不是真的想上厕所，而是如往常一样，以"上厕所"为借口逃避写作业。可是，妈妈面对欣欣的"伎俩"，一味考虑女儿的自尊心，每次都选择"睁一只眼闭一只眼"，这会让欣欣觉得，妈妈对待自己写作业这件事情，态度是很宽松的。在妈妈的这种态度影响下，欣欣很难养成按时写作业的良好习惯。进入二年级之后，学习任务和难度都增大了不少，如果没能养成良好的学习习惯，就会对今后的学习产生很大的负面影响。因此，对于二年级的学生而言，父母最重要的作用不是陪孩子写作业，而是通过严格的教育和引导，帮助孩子养成按时写作业的良好习惯。

　　以下几点建议，可供家长们参考。

1. 父母应该逐步减少对孩子的陪伴

　　进入二年级之后，孩子自主学习的能力应该有了进一步提升，这种情况下父母应该逐步减少对孩子的陪伴。比如，父母可以选择坐在离孩子稍远的位置上，给孩子一个相对自由的空间，让孩子慢慢尝试独立完成作业。父母在陪孩子写作业的时候，往往存在一个误区，认为只有亲自陪伴在孩子身旁，才能让孩子时刻保持高效的学习状态。其实这种想法是错误的，因为过度的陪伴可能会让孩子养成依赖他人的不良习惯，并不利于孩子的独立学习。

2. 要让孩子养成提前预习的习惯

　　预习是一个提高学习效率的好方法，通过预习，孩子可以知道自己对哪些知识点掌握得比较好，对哪些知识点掌握得不够好，让孩子课前做到心中有数。这样在第二天听课时，孩子就能轻松跟上老师的节奏，变被动听课为主动听课。在预习中已经明白的知识点，经过老师的讲解会得到进一步巩固；而那些在预习中不明白的知识点，在老师的帮助下会顺利掌握。这种高质量的学习方式，可以极大地提升孩子的学习效率。因此，父母在孩子写完作业之后，应该给孩子预留一点儿预习时间，为他第二天的课堂学习做好准备。

3. 每天给孩子预留一些课外阅读时间

对于二年级的学生来说，只完成老师布置的作业，是远远不够的。作业只是起到查缺补漏的作用，孩子需要通过大量的课外阅读来丰富自己的知识体系。在课外阅读的过程中，孩子的理解能力得到进一步提升，知识储备变得更加丰富，这有助于孩子更好地掌握课本知识。因此，孩子在写作业后，父母应该给孩子预留一些阅读时间，哪怕每天只读一篇简短的神话故事，只要坚持下去，就可以让孩子的阅读能力得到很大提升。当然，为了让孩子养成良好的阅读习惯，刚开始的时候，父母不妨陪伴孩子一起阅读。

二年级是攀登新阶梯的阶段，在攀登的过程中，无论孩子还是父母，都要找到着力点，将重点放在培养孩子良好的学习习惯方面，这样才能起到事半功倍的效果。

三年级是分水岭，关系孩子整个小学阶段

　　孩子经过一二年级的磨合，学习状态一般都有了明显改善，这时候，很多父母都觉得心里轻松了不少，"娃终于长大了，我们也该解放了。"可是在这里，我要给广大偷着乐的父母泼一盆冷水，陪娃写作业的工作依然任重而道远，因为前面还有一个"三年级现象"在等着我们。

　　这个"三年级现象"的具体表现就是很多孩子在一二年级时，学习成绩还不错，可是一进入三年级之后，就会出现成绩滑坡的现象，严重的情况下，孩子甚至会出现厌学现象。

　　下面，我们先来看一个案例吧。

　　佐佐今年读小学三年级了，从一年级开始，妈妈就陪着佐佐写作业。佐佐已经习惯了这种学习模式，每次遇到不会的题目，他就扭头

问妈妈，平时写完的作业也全部由妈妈来帮忙检查，如果妈妈发现佐佐哪道题做错了，就会提醒佐佐及时改正。在妈妈的陪伴和辅导下，佐佐在一二年级时学习成绩非常好，这让妈妈感到非常欣慰，觉得自己的付出没有白费。可是到了小学三年级，佐佐的成绩却有些下滑了，面对这种情况，妈妈非常着急，于是对佐佐的学习抓得更紧了。

每天放学回家，等佐佐一吃完饭，妈妈就带着佐佐一起开始写作业。有时候遇到佐佐不会的题目，妈妈在旁边讲解了好几遍，佐佐也听不明白，这让妈妈非常生气。等期末考试成绩下来，妈妈发现佐佐的成绩已经下滑得非常厉害了。佐佐妈妈百思不得其解，孩子之前不是这样"笨"的啊，自己每天这么辛苦地辅导他写作业，他的学习成绩怎么反而越来越差呢？

案例中的佐佐遇到的问题，其实就是典型的"三年级现象"。在三年级之前，佐佐的成绩非常好，可是一进入三年级之后，他在学习上却感觉越来越吃力。

面对孩子的这种学习状态，父母不能用简单粗暴的教育方式去对待孩子，这只会让深陷"学习泥潭"的孩子感觉更加绝望、痛苦。孩子在承受心理重压的时候，如果父母再不注意说话的语气和态度，一味批评、责骂孩子，就会让孩子产生"破罐子破摔"的对抗情绪。

一般而言，"三年级现象"有以下几方面原因。首先，三年级的课程难度要比一二年级大很多，这是出现"三年级现象"的直接原因。很多在一二年级能轻松拿到高分的孩子，面对更难的内容时，因为欠缺相应的思维、理解能力，学习起来就会感觉比较吃力。其次，孩子的自控能力尚且不足，是出现"三年级现象"的另一个原因。孩子在一二年级时，习惯了父母陪在身边写作业，久而久之就对父母的陪伴产生了依赖心理。可是，等孩子进入三年级之后，很多父母放手让孩子去安排自己的学习。在这种情况下，一些自控能力不足的孩子就会出现思想不集中的问题，久而久之学习成绩也会随之下滑。最后，三年级的孩子恰好正处于人生的第二个叛逆期，如果父母在辅导作业时态度急躁，语气不好，孩子往往会跟父母顶嘴，用"我不听""我讨厌你"等一些对抗性的话语来反驳父母的教育。

三年级对孩子而言是学习分水岭，关系着孩子的整个小学阶段，父母在充分了解"三年级现象"背后的深层原因之后，应该及时调整自己的教育思路，以更有效、更科学的方式去陪伴孩子写作业，争取让孩子平稳、顺利地跨过三年级这个分水岭，重新找回学习的自信。

在陪孩子写作业时，我们应该将重点放在以下几个方面。

1. 帮助孩子制订有序的学习计划

孩子进入三年级之后，随着课程负担的加重，学习时间也会变得更加紧张，因此需要家长帮助制订一套严格的学习计划，让孩子逐渐养成有序完成作业的良好习惯。我的建议是，父母可以根据孩子的学习情况，按照先易后难的顺序，将作业顺序固定下来。比如，孩子的英语成绩最好，数学成绩次之，语文成绩靠后，那么父母可以将孩子的作业顺序调整为英语、数学、语文，孩子按照先易后难的顺序写作业，既能提高写作业的效率，又能很好地保护孩子的自信心。最后，如果碰到难题，孩子实在想不出来的话，父母再过来帮助孩子答疑解惑。

2. 帮助孩子将学习时间固定下来

父母应该和孩子沟通，尽量将孩子的学习时间固定下来。每天放学之后，我们可以先让孩子玩半个小时，让孩子放松紧绷的神经，然后再给孩子留出吃饭、喝水的时间，接下来就是正式的学习时间了。比如，我们可以和孩子约定，晚上6:30到8:00是写作业的固定时间，无论当天的作业量多或者少，我们都应该抓紧时间，力争在一个半小时之内，完成所有的作业。

3. 引导孩子多阅读，通过阅读提升理解力

现在的考试，无论是数学还是语文，都要求孩子具有比较强的理解能力，孩子只有理解了题目的深层含义，才有可能理清解题思路，顺利答对题目。三年级的课程，开始有了一定的难度，题目稍微抽象一点儿，孩子就如坠入云里雾里，不知该从哪里下手。因此，如果想要帮助孩子摆脱这种困境，父母就要想办法提升孩子的思维能力和理解能力。在众多的学习方法中，阅读无疑是提升孩子思维力及理解力的有效途径，这一点已经得到了实践的有力证明。因此，我们在辅导孩子学习时，应该引导孩子养成坚持阅读的好习惯，每天多读书、读好书。孩子完成当天的作业之后，我们可以给孩子挑选一本他比较感兴趣的书，鼓励孩子去阅读。至于每天的阅读时间，我们可以让孩子根据自己的情况灵活把控，时间多的话就多读几页，时间少的话，读三五页也可以，每天坚持就行。

除此之外，父母在教育、引导三年级孩子时，还应该时刻提醒自己，孩子正处于人生中的第二个叛逆期。在辅导孩子学习时，父母应

该尽可能使用温柔的态度、理智的话语去和孩子交流，只有这样，才能减少孩子的对抗心理，让孩子愿意听你的"讲解"。父母如果一味急功近利，逼迫孩子好好听课、认真学习，反而会适得其反，让孩子更难跨过这个分水岭。

到底该不该陪四五年级的孩子写作业

　　一至三年级时，父母可以逐步减少陪孩子写作业的时间，等孩子
到了四五年级，他们基本上就可以养成独立写作业的良好习惯了。可
是，每个孩子的情况不一样，有的孩子独立性比较差，如果孩子到了
四五年级时，依然没办法独自坐在书桌前完成作业，那么父母就不能
突然停止陪伴，否则就会让孩子的学习陷入半停顿的状态。其实，停
止陪孩子写作业，就跟给孩子断奶一样，需要一个循序渐进的过程，
不能说断就断，否则，孩子将很难适应。而有的孩子在四年级或五年
级时已经能够独立完成作业，不用父母陪在身边，他就能根据老师的
要求，合理地安排写作业的顺序和写作业的时间。这部分孩子之所以
能表现得这么独立，除了跟孩子的性格有关之外，更重要的是因为父
母平时的教育和培养。在孩子一至三年级时，这些父母就开始有意识
地逐步放手，让孩子学着合理安排自己的学习任务，孩子偶尔需要帮

忙的时候，他们才会出现在孩子的身边。很多人只看到了这些孩子独立自觉的一面，却忽视了父母在引导孩子独立学习的过程中所付出的心血。

因此，针对"到底该不该继续陪四五年级的孩子写作业"这个问题，我的建议是，父母最好根据孩子的实际情况来区别对待。对于自理能力较差的孩子而言，父母最好从孩子上四五年级开始，给孩子一段适应期，以便孩子平稳过渡到独立写作业的状态。但是，在这段适应期内，父母应该改变从前的陪伴习惯，不能再全身心地陪伴在孩子身边，做孩子作业的"守护人"了，而应该逐步放手，给孩子一个独立学习的空间。

1. 父母陪伴孩子的时间可以逐渐减少

从现在开始，父母就要逐渐减少陪伴孩子的时间了。孩子放学之后，父母可以根据孩子的作业情况做一个简单的安排，对一些写字、做题或背诵之类的作业，父母完全可以放手让孩子独立完成。一些难度比较大的作业，比如语文阅读或英语阅读，父母可以陪在孩子身边，以便及时辅导孩子。在减少陪伴时间时，我们要提前与孩子达成共识，告诉孩子，这周你每天陪他一个半小时，下周你可能陪他一个小时，等到下下周，也许只会陪他四十分钟。这样，我们提前给孩子打一个"预防针"，以便让孩子在思想上做好独立写作业的准备。

2. 父母陪伴的距离要越来越远

除了减少陪伴时间之外，陪伴孩子的距离应该越来越远，这才会让孩子逐渐适应父母不在身边的状态。刚开始的时候，我们可以让自己的凳子距离孩子两米左右，不要靠孩子太近。慢慢地，我们可以把凳子越放越远，两个人各自坐在不同的地方。应该注意的是，父母与孩子的距离，应该尽可能保持在孩子的视线范围内，当孩子需要向父母求助的时候，父母可以第一时间来到孩子身边。如果一开始父母就把孩子单独留在书房，自己跑去餐厅做事情的话，那么孩子可能会因为不适应父母的突然离开，而左顾右盼、心不在焉，这样反而不利于孩子适应独自学习的状态。

3. 从全身心陪伴逐步过渡到有需要再过去

刚开始的时候，父母可能在全身心地陪伴孩子，一不工作，二不干家务，就坐在那里盯着孩子的一举一动。但是，这种陪伴方式会让孩子产生依赖心理，认为学习是做样子给父母看的，父母盯着他时，他会好好写作业，而父母一旦转移视线，孩子就可能立即开始玩耍。要想让孩子摆脱这种依赖性，父母要让自己放松下来，给孩子一定的成长空间，相信孩子可以慢慢恢复到正常的学习状态。这个时候，父母可以拿本书坐在孩子旁边，然后告诉孩子："妈妈要看书，等会儿你如果有不会的地方，最好先自己想一想，实在不会的话，可以喊妈妈一声。"持续数天之后，孩子就会意识到，父母也有自己的事情要做，不可能一直陪着他，盯着他的一举一动。从"随叫随到"到"有需求才叫父母"的转变，可以说是质的飞跃，这个时候，父母就会获得更大的自由，完全可以走出书房做家务或者工作了。

4. 从今天开始，你可以独自做作业了

生活需要仪式感，同样的，学习也需要仪式感。经过一段时间的适应之后，孩子基本上可以独自写作业了。这种情况下，父母可以选一个特定的时间，全家人聚在一起，开一个温馨的家庭聚会，郑重地

宣布一下："孩子，以后你完全可以独自做作业了，不再需要爸爸妈妈的陪伴了，我们都为你骄傲。"如果可以的话，父母提前给孩子准备一份小礼物，给他一个惊喜，他会更高兴。这份满满的仪式感，既是对孩子以前辛苦付出的鼓励，也是对他今后学习的一种激励，激励孩子在今后的学习中能够独立思考，独立学习，真正成为学习的主人。

每次期末考试结束，我和先生都会带女儿到外面聚餐，然后举杯为女儿庆贺，庆贺她经过一学期的认真努力，让自己变得更加优秀。孩子都是需要鼓励和掌声的，你给她的鼓励和掌声越多，他回馈给你的惊喜也会越多。

如果把整个小学阶段的家长陪孩子写作业看作一段完整的旅程，四五年级差不多就是这段旅行的末班车，那些还不习惯放手的父母，是时候狠下心来，让孩子尽快成长为一个可以独立写作业的学生了。经过一段时间的准备，孩子如果能做到独自写作业的话，那么还赶得上小学阶段的这趟末班车，在六年级即将到来的时刻，好好体验一下独立学习、独立成长的快乐。

六年级的孩子一般不需要陪着写作业了

　　学习自觉性比较高的孩子，到三年级左右，基本上就可以独立完成大部分的作业了；少数自觉性稍差的孩子，即便到了四五年级仍然需要父母陪着写作业，但是经过一段时间的练习之后，也能逐渐养成独立写作业的良好习惯；还有极个别的孩子，到了小学六年级，依然需要父母陪在身边写作业，没有父母的陪伴，孩子就管不住自己。

　　六年级的孩子，如果还不能独自完成作业的话，等他进入初中后，学习基本上就很难跟上老师的进度。孩子进入初中之后，学习的科目更多，学习的内容更为复杂，老师布置的家庭作业也会更多，孩子如果在学习过程中缺乏一定的主动性和自觉性，过分依赖家长的陪伴和辅导，将很难应对学习上的困难，学习会变得越来越吃力。另外，很多家长在辅导小学阶段的孩子时，面对一些发散性思维强的题目都觉得有困难，等孩子进入初中之后，这些家长更是力不从心，甚至很难再辅导孩子写作业了。在多重困境下，孩子的学习基本上陷入了一个非常危险的瓶颈期。因此，无论花费多少心血，父母都应该引导孩子，最晚在五年级时，就要让孩子养成独立完成作业的良好习惯。如果等孩子进入六年级之后，父母再想培养孩子独立完成作业的好习惯，就为时太晚了。

2020年国庆假期之后第一天开学，广西百色一名六年级女孩因没有完成假期作业而在学校受到老师的批评。回家之后，父母又狠狠地骂了她，双方发生了激烈的争吵。冲动之下，女孩愤而从八楼跳下，当场死亡。父母蹲在地上号啕大哭。在坠楼之前，女孩留了一封遗书，她在遗书里写道："我恨你们，我要自杀，不要救我""天天唠叨我的作业，就不知道关心我别的，我不要在作业中挣扎了。"从遗书中我们可以窥见女孩对父母唠叨她写作业这件事有多么的怨恨。

案例中，六年级的女孩仅仅因为作业没完成就跳楼自杀，从表面上看，这跟她偶尔一次没有完成作业有直接关系，但是冰冻三尺非一日之寒，通过这件事，我们可以看出父母在平时的教育中，并没有引导孩子养成良好的写作业习惯。如果女孩的父母能通过科学的方式，教会孩子在四五年级养成良好的写作业习惯的话，女孩就不会因为作业问题而"走极端"。这个血淋淋的事实，再次给我们敲响了警钟：不要等到孩子到了六年级，学业压力非常沉重的时候，再着急打骂孩子，逼着孩子去写作业，这样只会让孩子的压力越来越大，一些心理素质不过关的孩子，还可能会因为承受不了这种压力而走上极端的道路。

六年级的孩子，不再需要父母陪着写作业了，但这并不意味着父母可以完全放手，不再参与孩子的任何学习过程，而是意味着父母需要完成一个全新的身份转变，从孩子学习的"陪伴者"转换为"引导者"。

具体而言，父母应该怎么做才能更好地适应这种身份转换呢？

1. 孩子作业安排有问题，父母可以提供良好的建议

小学六年级的孩子，放学之后，不用父母再追着问"今天的作业是什么""作业多不多"之类的话了，因为他们能够记住自己的作业，并独立安排自己的作业顺序和作业内容。但是，六年级孩子的统筹能力、思维能力毕竟有限，他们在安排自己的作业时，难免会考虑不周。同时，父母在工作、生活中历练多年，具有很强的统筹能力和逻辑思维能力，能够快速判断出孩子的作业安排是否合理。比如，孩子习惯先做数学作业，再写语文作业，最后才是英语作业，但是孩子的数学成绩是这几科里最差的，每天晚上孩子都要在数学作业上面花费很多时间和精力，等好不容易完成数学作业，准备写语文作业时，孩子的精神已经非常疲惫了，从而导致语文作业字迹潦草，作文也逻辑混乱。在这种情况下，父母应该及时出面跟孩子好好沟通，把自己的建议提供给孩子，比如按照先易后难的顺序逐步完成所有的学习任务，然后再由孩子自己决定哪个安排更好。

2. 针对孩子的劣势学科，父母可以有针对性地进行辅导

在孩子学习的过程中，如果父母发现孩子的哪门学科成绩不好，就应该及时出手，有针对性地辅导一下孩子。辅导方式可以多种多样，比如，父母如果擅长这一科目的话，可以亲自辅导孩子；父母如

果没有辅导的能力，可以给孩子在外面报一个有针对性的强化班；如果孩子的自学能力比较强，父母也可以给孩子买一些参考书，让孩子通过自学来查缺补漏。总之，父母作为孩子学习的引导者，要及时发现孩子在学习过程中的优势和劣势，帮助孩子扬长避短，争取把弱势学科补上来。

3. 孩子出现学习困扰时，父母应做好心理辅导

孩子进入小学六年级之后，随着学习压力的增大，性格会随之发生一定的变化。很多孩子在这个阶段变得不爱跟父母沟通，遇到学习方面的困扰时，会把这些困扰埋在心里，自己消化。这个时候，父母应该及时观察孩子的情绪状况，如果发现孩子在这段时间变得沉默寡言、愁眉不展，不要等孩子开口，就应该主动找孩子进行沟通，问问孩子，"最近的学习生活是不是遇到了什么困扰""有需要父母帮忙的地方吗"……通过这样的沟通打开孩子的心结，最后共同解决问题。

小学六年级是孩子厌学的高峰期，父母在这个阶段一定要做好孩子的心理疏导，帮助孩子排解压力和困扰，以免孩子因为厌学而出现逃学或其他逃避学习的做法。

小学六年级是一个很关键的过渡阶段，承接着小学和初中的衔接任务。在这个阶段，孩子的学习习惯、生活习惯基本上已经塑造成型，大部分孩子已经具备合理安排自己作业的能力，不再需要父母的陪伴，就能独自、快速地完成所有的作业任务。如果孩子在六年级依然没有养成良好的学习习惯，那么在整个暑假期间，父母要把握最后的教育机会，争取让孩子的学习习惯有一个大的改善，因为在整个小学阶段所养成的习惯，会影响孩子一生。

第 7 章　陷入这六大误区，越陪越差

　　为什么有的父母倾注了大量的时间和心血去陪孩子写作业，却导致孩子的学习成绩越来越差？这种情况下，我们需要好好反思，在陪孩子写作业的过程中，我们有没有打骂、吼叫孩子，有没有经常对孩子"嘘寒问暖"，有没有采取不当的激励方式，有没有一边玩手机一边陪孩子？

打骂、吼叫，会让孩子的反应变迟钝

曾有一篇新闻报道，说是丈夫教妻子学开车，在遇到危险的时候，丈夫在旁边声嘶力竭地吼道"踩刹车，踩刹车！"可是妻子慌乱之中却将油门一脚踩到底，紧接着"咣"的一声，悲剧就发生了。

当一个人在你的耳边大吼大叫时，你下意识的反应是先听对方说话呢，还是愣在原地，反应迟钝？我想大部分人的反应可能都是变迟钝吧。

我们在教育孩子时也是如此，一道简单的题目反复教了好几遍，孩子依然听不明白，这时我们会感觉非常生气，就会下意识地冲着孩子大吼大叫："都讲几遍了，还不会？你到底还要我讲几遍才明白？"我们大吼大叫的目的，是想让孩子集中注意力，尽快把这道题目想明白，但是当我们用"大吼大叫"的沟通方式来与孩子交流时，这种做法和我们的目的无异于南辕北辙。当孩子听到我们的大声吼叫时，他们的第一反应就是害怕、焦虑，在这种情况下，孩子怎么可能让迟钝的大脑运转起来，快速把这道题想明白呢？

大声吼叫，除了会让孩子感觉害怕、焦虑，反应迟钝之外，还会让孩子对你的吼叫产生一种免疫力。也就是说，当他习惯了你的大声吼叫之后，你的大声吼叫对他就再也没有威慑力了。下次，你如果想让孩子听你说话，就只能继续提高音量，吼叫得再大声一点儿。这就形成了一种恶性循环。

我带女儿去游乐场玩耍时，曾经碰到过这样一对母子。男孩看起来七八岁左右，正处在淘气的年龄。他从滑梯上逆向往上爬时，他的妈妈在人群中使出了"河东狮吼"，大声吼道："快给我下来！小心掉下来！"毫不夸张地说，这位妈妈吼叫的那一瞬间，周围所有人都下意识地扭头看了她一眼。没过几分钟，孩子在奔跑的过程中不小心撞上了一个小朋友，他的妈妈又大声吼道："跑什么跑，撞到别人了，不看路吗？"

在两个小时的玩耍过程中，那位妈妈的吼叫声不绝于耳，可是孩子什么反应呢？压根就像没听到一样，"左耳朵进右耳朵出"，根本不把妈妈的吼叫当回事儿。

案例中的这个男孩对妈妈的声音其实已经有了"免疫力"，无论妈妈用多么高的嗓门在他耳边大声吼叫，他都能保持我行我素的状态。母子俩在游乐场都是这种沟通状态，可以想象，这位妈妈平时在家里给孩子辅导作业时的场景，估计她也做不到心平气和吧。

这个案例提醒我们，平时在教育孩子时，如果我们不能控制自己的暴躁情绪，总是忍不住大吼大叫的话，还不如默默走开，至少这样不会让我们苦口婆心的教导变成孩子眼里毫无用处的"废话"。在辅导孩子作业时，我们更应该讲究科学的沟通方式，避免让情绪失控的大吼大叫，成为孩子学习路上的障碍。

你如果是一个喜欢对孩子大吼大叫的家长，那么不妨尝试下面几种有效的沟通方式。

1. 讲话声音适当小一些，对方反而会认真听你讲话

我上大学时，一位教育学老师在讲课时跟我们说，要想让学生好好听讲，老师的声音就不能太大，因为你那么大声讲话，学生不用集中注意力就能听清你讲的内容，思想反而不会高度集中。因此，你要用点儿小技巧，把自己的声音控制在一个不大不小的范围内，这样的话，学生为了听清你的声音，反而会竖起耳朵，用心听讲。时至今日，我依然记得老师说的这个小诀窍。我想，这可以给家长提供一个好的教育思路：我们在教育孩子时，可以适当放慢语速，降低音量，让孩子的耳朵主动寻找我们的声音，而不是把吼叫滔滔不绝地灌进孩子的耳朵里。

2. 减少吼叫的次数，才能在孩子心目中树立威信

面对一个淘气不听话的孩子时，要想让父母彻底沉默，一句都不吼叫，这几乎是不可能的事情，但我们可以通过情绪调整和心理暗示，逐渐减少冲孩子吼叫的次数，直至养成理智沟通的好习惯。在孩子淘气的时候，父母能不吼就不吼，孩子确实不听话的情况下，最多只吼一遍。威严不是依靠喋喋不休的吼叫来树立的。有时候，父母吼

叫的次数越多，在孩子心目中的威信反而会越少。这里有一个真实的例子。我有个朋友带孩子出去玩儿，一路上她不停地冲孩子吼叫，"过马路要小心""不要玩水""不要玩沙子""不要跑太快""不要大声喊叫"，结果她吼叫的次数多了，孩子就把她的这些提醒当成了耳旁风，根本就听不进去。

3. 孩子听不明白的时候，不要重复讲解

当我们在给孩子讲解一道题目的时候，父母如果多次讲解，孩子依然听不明白的话，一定不要重复讲解，而是应该停下来，让孩子的大脑暂时休息一下。在大脑清醒的状态下，再难的题目只要父母讲解三遍，孩子应该能够找到解题思路。如果父母讲解三遍以上孩子还是懵然无知的状态，那就说明孩子的大脑暂时处于"短路"的状态，接收不到任何有效的信息。这种情况下，父母如果重复讲解，就相当于在做无用功，而且随着讲解次数的增多，负面情绪会不断地积聚，等积聚到一定程度时，就会因为情绪失控做出更加不理智的行为来。因此，与其搞得双方鸡飞狗跳，还不如让孩子的大脑休息一下，休息好了，他很快就能理顺解题思路。

4. 想吼叫的时候，先默念三遍"要克制"

父母按捺不住自己的冲动情绪，想对着孩子大声吼叫的时候，应该在心里默念三遍"要克制，要克制，要克制"，三遍不够的话，可以默念更多遍，也许等默念完这些话语之后，我们的冲动情绪就能暂时平静下来。大家一定不要忽略心理暗示的强大作用，在情绪即将爆发的关键时刻，重复的心理暗示确实能起到舒缓情绪的重要作用。每一个良好习惯的养成，都需要进行无数次重复的练习，情绪控制也

是如此。除了我们自己，其他人没法帮助我们消除不良情绪，而重复的自我心理暗示，却能起到很好的效果，让自己的冲动情绪暂时平缓下来。

科学的教育方式才能收到更好的教育效果，而大吼大叫除了让孩子的大脑反应变得更加迟钝，让父母的暴躁情绪变得更加激烈之外，没有任何积极的教育效果。我们应该尽可能地改变这种大吼大叫的教育方式，让亲子之间的沟通变得更加平和、理智、有效。

经常打断孩子的学习思路是陪孩子写作业的大忌

很多父母喜欢在孩子写作业的过程中嘘寒问暖，一会儿送吃的，一会儿送喝的。大部分父母之所以这么做，是因为觉得孩子学习很辛苦，想让孩子在学习的过程中尽量能舒服一些；少部分父母却是借着嘘寒问暖的机会，趁机监督一下孩子的学习情况，看看孩子是否在认真写作业。无论父母嘘寒问暖的动机是什么，这种行为都会造成一个同样的后果，那就是打断孩子的学习思路，让孩子无法专注地投入到学习中。

在热播电视剧《小欢喜》中有这样一对母女，女儿英子是学霸，为了让女儿好好学习，妈妈对英子的房间进行了全方位、无死角的隔音装修，不想让任何噪声影响她的学习。就在这样一个隔音房间里，妈妈却在女儿的书桌前装了一面玻璃，玻璃外面有一扇百叶窗，百叶窗只能由窗户外面的妈妈来操作。这意味着妈妈可以随时拉开百叶窗全方位地监督女儿的学习状态，即便妈妈有时候是以嘘寒问暖的名义。

事实上，这种行为会随时打断女儿的学习思路，也会让女儿的内心产生一种被监视的压迫感。这种做法并不能让孩子感觉到来自妈妈的关心，只会让女儿感觉到紧张。

没有人喜欢被人随意地打扰，即便这种打扰的初衷是为了更好地照顾他。

我刚开始陪女儿写作业时，也有这样的问题。女儿白天不爱喝水，我担心她写作业时会口渴，于是端杯温水给她递过去，提醒她多喝水。但是，我发现我在给女儿端水时，女儿的眼神似乎还停留在书本上面，并没有想喝水的意思。有时候，她只不过为了回应我的热情，象征性地抿一口水。等女儿稍微大点儿后，我发现她口渴的时候不用我倒水，自己就会拿起水杯从饮水机里接水喝，这个举动让我意识到：孩子长大了，她需要喝水的时候，自己会接水喝；她饿了的时候，自己也会找饼干填饱肚子，压根就不需要我的"嘘寒问暖"。

明白了这个道理以后，我便不再在女儿学习的过程中给她送水了，只是偶尔提醒她要多喝水，因为我主动给她送水会打断她的学习思路，是完全没有必要的。

在陪孩子写作业的过程中，父母应该怎么做才能真正给孩子营造一个安静的学习氛围呢？以下几个方面问题，是需要父母格外注意的。

1. 说话做事的时候尽量保持安静，以免影响孩子的学习

有些父母脾气急躁，在家说起话来不管不顾，不经意间嗓门就大了很多，这种说话、做事的习惯，会影响孩子的学习状态，让孩子分神。有的父母也许会说，没必要这样小心翼翼，只要孩子用心学习，即便在菜市场也能学下去。虽然这话没错，但是我们换个角度来想的话就会发现问题，比如，孩子在菜市场的学习效率能达到60%，而在一个安静的学习环境中，学习效率却能达到90%甚至更高，这样一对比就不难发现安静的学习环境对孩子学习效率的影响。现在，很多孩子都在线上学习英语或者其他科目，这种学习方式更需要安静的环境。作为父母，我们应该尽可能地提醒自己注意言行，为孩子营造一个相对安静的学习氛围，这样可以让孩子在学习时更好地集中精力。

2. 如果实在担心孩子，可以提前在孩子书桌旁放一杯温水

有的父母控制不住自己，总想给孩子端杯水、送杯牛奶，不然的话，他们就会感觉非常担心、焦虑。如果父母焦虑情绪比较严重的话，那么在接下来辅导孩子作业时，这种负面情绪可能会对孩子的学习造成更大的影响。为了避免这种情况出现，父母可以提前在孩子书桌旁边准备一杯温水（最好用保温杯），在孩子开始写作业之前，不妨提醒孩子，待会儿渴了，自己可以随时喝水。

当然，让父母学会放手，也需要一个过程。如果立刻让父母停止对孩子"嘘寒问暖"，相信很多父母会变得更加焦虑，这种情绪状态会对孩子的学习产生负面影响。为了避免这种情况出现，父母可以逐渐尝试改变自己的行为习惯，慢慢将"事中关心"转变为"事前关

心"。等父母和孩子双方都习惯了这种关心方式之后，父母再彻底放手也不迟。

3. 在家里固定位置，设置一个"能量角"

孩子的新陈代谢比较快，他即便吃饭时已经吃饱，可是学习一会儿之后，也很快会有饥饿感，这时候就需要父母给他补充一点儿能量。如果孩子的自律性比较强，不乱吃巧克力、棒棒糖这些零食的话，那么父母可以在家里的固定位置给他设置一个"能量角"，在里面放上饼干、水果、面包等健康食物，由孩子自由拿取。刚开始的时候，孩子可能经不住这些食物的诱惑，会频繁拿取食物，这时父母不必急着呵斥孩子，而应该耐心地把设置"能量角"的真正目的告诉孩子：这是给他补充能量的场所，只有他在写作业的过程中感觉饿了，才可以从这里拿取食物。父母如果担心孩子过于频繁地去拿食物的话，不妨和孩子约定一下拿取食物的次数，比如，一晚上最好不要超过两次，否则父母就会考虑撤掉这个"能量角"。

我在餐厅的橱柜旁边，就给女儿设置了这样一个"能量角"。我在"能量角"里面放一些饼干、面包等食物，女儿在写作业的间隙感到饿了，就能从那里拿点儿食物给自己补充能量。经过一段时间的调整，无论喝水还是吃点心，她都能"自己动手，丰衣足食"了，我也不用"嘘寒问暖"了。

作为父母，我们要尽可能地保护孩子学习的注意力，只有把注意力提高上来，孩子的学习效率才能更高。当孩子沉浸在学习状态中时，我们贸然地对孩子嘘寒问暖只会打扰孩子的学习。因此，每位家长都有义务给孩子提供一个安静的学习环境。

不当的激励方式让孩子陷入恶性循环

我们常说，对孩子要有奖有罚：在孩子表现不错时，我们应该给予孩子一定的奖励，从而激励孩子不断进步；当孩子犯了错误时，我们也应该给孩子适度的惩罚，让孩子知道自己错在哪里，下次不要再犯。需要注意的是我们在奖惩孩子时，一定要方法得当，否则会让孩子陷入恶性循环中，不再主动寻求进步。

这里有一个小故事，我们不妨来看一下。

一位老人来到乡下的一处院子里准备安度晚年，可是有一天，一群孩子来到了这里吵闹玩耍，他们的声音非常大，让这位老人难以忍受。于是，老人想了一个办法，他给每个孩子二十五元，然后对他们说："你们使这个地方变得非常热闹，我觉得自己变年轻了，希望你们每天都能来这里玩。"孩子们接过钱，高兴地答应了老人的请求。

第二天，孩子们像往常一样，又来到院子旁玩耍。这时，这位老人走出来给每个孩子发了十五元，不过十五元也不少，孩子们拿到钱，高高兴兴地走了。第三天孩子们又来了，老人给每个孩子发了五元，这时候孩子们就变得有点儿生气了，他们心想：每天只有五元，还想让我们继续效力，这怎么可能？于是，孩子们离开了这个地方，老人又重新开始享受宁静的生活了。

这个故事告诉我们，不当的激励方式可能会产生相反的结果。奖励孩子的正确方式，应该是激发孩子的内驱力，让孩子发自内心地继续努力。丰厚的物质奖励，虽然能让孩子一时开心，却没法唤醒孩子的内驱力，运用不当，还有可能抑制孩子的上进心。因此，在平时的学习、生活中，我并不赞同父母单纯依靠物质奖励的办法来表扬孩子，而应该采取物质奖励和精神奖励相结合的办法来激励孩子。

1. 答应给孩子的奖励，一定要及时兑现

任何时候，我们答应给孩子的奖励，就一定要及时兑现，否则孩子会认为父母言而无信，下次你再想让孩子继续努力时，孩子就不愿听你的话了。因此，为了避免失信于孩子，我们在答应给孩子奖励前，一定要深思熟虑，看看自己能不能兑现，如果不能的话，就认真跟孩子商量一下，换另外一种奖励方式。生活中有的父母口头上答应了奖励孩子，等孩子来找自己兑现承诺时，又找各种借口，或者说自己不记得了，要么又推到下次，等等。这种兑现不了的奖励，不仅会极大地打击孩子的上进心，而且会让父母失去孩子的信任。

2．物质奖励要慎用、少用

对孩子来说，最直接的奖励方式就是物质奖励：孩子喜欢毛绒玩具，奖励他一个毛绒玩具就好；孩子喜欢巧克力，奖励孩子一块巧克力就行。然而，在生活中，我们一定要慎用、少用物质奖励的方式，因为这种激励方式只会让孩子陷入一种低级欲望中。

有这样一位妈妈，她为了鼓励孩子认真写作业，便跟孩子说，只要你认真做完当天的作业，妈妈就给你五元。孩子知道五元能买两块巧克力，便愉快地答应了妈妈的要求，接下来孩子的学习热情提升了不少。当然了，每次写完作业，孩子也不忘主动跟妈妈要自己的"酬劳"。随着学习难度的增加，孩子认为认真写完作业只能得到五元，实在是太便宜了，便要求妈妈增加酬劳。妈妈拒绝了他的要求之后，孩子便威胁妈妈说："你不加钱的话，以后我就再也不好好写作业了。"妈妈生气地问他："你写作业是为了赚钱，还是为了你自己学知识？"结果，孩子毫不犹豫地回答："为了赚钱！"

这个案例告诉我们，千万不要把物质奖励作为奖励孩子的唯一方式，否则只会让孩子失去继续努力的目标和动力。

3．充满仪式感的精神激励，更能唤醒孩子的内驱力

孩子学习进步了，如果你只送给孩子一些好吃的或好玩的东西，孩子也许只能高兴两三天，很快就会忘了这件事情。但是，你如果尝试换一种方式来奖励孩子的话，可能会收到更好的效果。比如，你可以给孩子来一个仪式感满满的家庭表彰大会，还可以和家人一起对孩子的优异表现进行总结、表彰，这样会给孩子留下更深的印象。采用充满仪式感的精神奖励方式，与物质奖励方式相比，更能唤醒孩子的

内驱力。对此，我深有感悟。女儿每次考试拿到满分时，我们都没有刻意给女儿选择礼物去奖励她，而是会开一个短暂的家庭会议，两个人共同对女儿的行为进行总结和表扬。女儿每次看到爸爸妈妈为她竖起的大拇指，都会发自内心地感到高兴。这种激励方式，会让孩子觉得自己所做的事情是一件非常有价值、非常值得自豪的事情，这种激励方式远比一个芭比娃娃或一些好吃的零食，更能让人感到开心。

4. 要奖励孩子的学习态度，而不是某次成绩

我们在奖励孩子时，应该侧重于对孩子学习态度的奖励，而不能只盯着孩子的某次学习成绩。如果孩子考得分数高了，排名靠前了，我们就给孩子提供奖励；而孩子考的分数不太理想的话，我们就取消对孩子的奖励。这种奖励方式会让孩子产生一种错觉，他会认为原来父母更在乎的是他的学习成绩，而不是他每天努力的过程。对一个孩子而言，拥有认真、负责的态度，远比某次考试得高分要重要得多。

因此，父母在奖励孩子时，要着重考查孩子的学习态度。如果孩子的学习态度跟之前相比，更认真、更努力的话，那么父母应当毫不吝啬自己的表扬。相反，如果孩子偶尔考了一次一百分，父母轻描淡写地表扬孩子一下就行，否则就会让孩子产生"分数最重要"的错觉。

好的激励方式，可以让孩子的学习"锦上添花"；而错误的激励方式，只能让孩子的学习"雪上加霜"。因此，父母要掌握科学的奖励方法。让我们的每一次奖励，都成为激励孩子不断进步的"精神食粮"。

随时纠正孩子的错误，会打断孩子的学习思路

在孩子写作业的过程中嘘寒问暖，一会儿给孩子送水果，一会儿给孩子送水，这种行为会打断孩子的学习思路。此外，孩子在做作业的过程中出现了错误，父母随时纠正的话，也会打断孩子的学习思路。

试想一下，在你工作的过程中，如果不断有领导过来跟你说，这里出了问题，那里出了问题，那么你还有心思继续工作下去吗？我想，没有任何人喜欢在做事的过程中被人打断吧。同样的道理，孩子在写作业的过程中，即便出现了一些错误或问题，也不愿意让父母站在身边不断地指出来。因为父母的这种做法，一方面会让孩子有挫败感，产生"破罐子破摔"的想法；另一方面，会干扰孩子的注意力，使孩子无法把精力集中到作业上面，有些孩子甚至因此产生放弃写作业的念头。

佳佳今年8岁，上小学二年级，平时她的成绩不是太理想，妈妈非常着急。后来，每天晚上妈妈都会放下手头的事情坐在佳佳身边陪她写作业。

可是，佳佳不希望妈妈这么做，因为在写作业的过程中，如果佳佳偶尔哪个字写得不端正，妈妈就会命令佳佳擦掉，重写一遍；如果佳佳偶尔哪道题算错了，还没等自己检查出来，妈妈就会着急地用手指出错误，并要求佳佳立刻改正过来；甚至在朗读课文的时候，如果佳佳哪句话读得不够清楚，妈妈也会要求佳佳重读一遍。刚开始，佳佳还会耐着性子，按照妈妈的要求重读一遍。可是，随着妈妈的干涉越来越多，佳佳再也不想好好听妈妈讲话了。有一次，佳佳甚至生气地摔掉铅笔，嚷嚷着再也不想写作业了。

案例中，佳佳妈妈的行为明显是不恰当的，佳佳在写作业的过程中偶尔出点儿小问题，她就要求女儿重来一遍，这种行为打断了孩子的学习思路，会让孩子感觉非常烦恼，严重的话，甚至会让孩子出现厌学情绪。因此，为了避免给孩子的学习造成不良影响，建议父母在陪孩子写作业的过程中，学会保持沉默，你即便看到孩子的作业出现了问题，按捺不住焦虑的心情想要告诉孩子哪里出错了，也要努力保持理智，等孩子做完一部分作业或全部作业之后，再告诉孩子哪里出了问题。

在孩子出现错误时，父母除了要保持沉默，不要随意打断孩子的学习思路之外，还应该注意以下几方面的细节。

1．用委婉的提醒来代替直接指出错误

孩子在写作业的过程中，如果出现了错误，父母不必急着指出孩子的错误在哪里，而是可以换一种更好的方式来提醒孩子，比如，你可以假装一边做家务，一边扭头对孩子说："宝贝，做题要认真细心哦。"父母通过温和的提醒，叮嘱孩子在写作业的过程中用心做题，千万不要粗心大意。这种委婉提醒的方式，远比直接指出错误更能让孩子接受你。

另外，低年级阶段的孩子，在写作业或考试的过程中，经常是扫一眼题目就开始做题，也不思考题目究竟在问什么，这个习惯非常不好。因此，父母在平时辅导孩子学习的过程中，就应该多多提醒孩子养成认真读题、认真检查的好习惯，这样才能避免因粗心大意导致做错题。

2．引导孩子学会自己发现错误，而不是由父母来指出错误

孩子在写作业的过程中，父母应该引导孩子自己找出作业中的错误，而不是亲自指出错误。孩子把作业交给我们时，我们可以先问问孩子："你认真检查过吗？如果没有的话，你先自己检查一遍好不好？"等孩子确定自己的作业没有问题之后，再交由父母来检查。引导孩子学会发现自己作业中的错误，一方面可以帮助孩子养成检查作业的好习惯；另一方面通过检查作业，孩子还能得知自己对知识的掌握程度。

3．发现错误时，只需给孩子指出大致的错误范围即可

孩子如果通过自查，依然没能发现作业中的错误，此时父母应当出面帮孩子检查问题。父母发现作业中的错误之后，没必要把具体的

错误明确地指给孩子，只需给出大致的错误范围，让孩子自己去检查。比如，语文作业中的拼音出现了错误，那就提醒孩子把所有的拼音检查一遍；数学作业中某一道计算题出现了错误，那就提醒孩子把所有的计算题再验算一遍。这种方式可以很好地调动孩子的学习积极性，让他学会对自己的作业负责任。如果父母对孩子的作业大包大揽，体贴地帮孩子找出作业中的所有错误，那么久而久之，孩子就会认为检查错误是父母的责任，自己只需要快速写完作业即可，至于作业中有没有错误，错误的地方多不多，他都不太关心。

在学习这件事上，我们应该尽可能地让孩子学会负责任，只有这样，孩子的学习才会越来越主动。我们在陪孩子写作业时，如果每发现一个错误，就立即给孩子指出来，不仅会打断孩子的学习思路，导致孩子厌烦写作业，还会让孩子对父母产生依赖心理。这样的话，在没有父母陪伴的时候，孩子就很难通过自查找出作业中的错误。

代替孩子写作业的做法不可取

很多溺爱孩子的父母，除了在物质上满足孩子的一切要求之外，甚至会在学习上主动替孩子"分担"作业，帮助孩子写作业。

2021年寒假，河南南阳一位小学生没有按时完成寒假作业，心急如焚，爸爸心疼女儿，竟然出手帮女儿写作业。可是，父女两个人熬了一晚上也没把作业写完，于是两人商量，决定第二天骗老师说作业落在家里了。可是，他们的做法遭到了妈妈的强烈反对，妈妈将父女俩的做法全部拍了下来，发到了班级群里。一时间，全校师生都知道这个小学生的作业是由爸爸帮忙写完的。

案例中的爸爸因为心疼女儿，就熬夜帮助女儿写作业，这种做法非常不可取。因为这种行为会让孩子产生依赖心理，认为自己即便没有完成作业，爸爸也不会"见死不救"，肯定会出手帮助自己写作业。爸爸所谓的疼爱，其实是自私的爱、狭隘的爱，非常不利于培养女儿的责任感。当然，案例中妈妈的做法也有问题，作为妈妈，她担心女儿的学习，不希望丈夫代替女儿写作业，出发点是好的，但是妈妈完全可以在私下里跟丈夫和女儿好好沟通，而不应该曝光父女的做法。这样做，很可能会让女儿颜面扫地，甚至厌烦学习。

由父母来代替孩子写作业这件事，一度在社会上引发过热烈的讨论。一部分家长认为，如果老师布置的作业太多或者作业重复，父母可以代替孩子写一部分作业。有的家长则认为，无论作业性质如何，这都是孩子的任务，不应该由父母代替孩子来完成。我认为，具体情况应该具体对待，某些特殊的情况下，父母可以帮助孩子完成一点儿作业。那么，究竟哪些情况算是特殊的呢？

1. 线上花钱购买的课程，父母可以偶尔代替孩子打卡

除了学校老师布置的作业外，现在很多家长都会给孩子购买线上课程，这些线上课程都会在每节内容完结之后，配套给出一些练习题，让孩子来完成。孩子如果能够坚持每天打卡的话，就会得到一定的积分，然后换取小礼物，这会极大地调动孩子的学习兴趣。一般情况下，这些线上作业应该由孩子独自完成，因为这样可以让孩子更好地复习、巩固线上所学的知识点。但是，如果遇到特殊的情况，比如孩子生病，或者孩子当天的家庭作业实在太多，又或者孩子当天确实有其他更重要的安排，父母可以根据实际情况，偶尔帮孩子打一次卡。我女儿的线上英语绘本课程，需要每天按时打卡，偶尔一次如果女儿确实没时间的话，我也会帮女儿打卡来获取积分，但我会跟女儿

说明，等有空的时候，一定要重新再打一遍，确保她真正掌握了这部分知识点。

2．一些难度比较大的作业，父母可以和孩子共同完成

有些家庭作业，难度确实比较大，在这种情况下，为了节省时间，父母可以帮助孩子理清思路，双方共同参与来完成作业。遇到难度比较大的作业，如果父母采取一刀切的教育方式，仍然要求孩子独立完成的话，那么除了会浪费时间，还有可能挫伤孩子的学习积极性，让孩子彻底"缴械投降"。朋友的女儿上二年级，刚接触除法，只会做整除运算，有一天，老师布置了一道比较难的题目，这道题目是"$1600 \div 40=$？"老师说这道题比较难，孩子如果做不出来的话，可以向父母求助。朋友的女儿整整思考了三十分钟，都没有写出答案。在这种情况下，朋友给孩子讲解了学习思路，孩子很快就自己做出来了。这个案例告诉我们，当孩子确实遇到困难的时候，父母应该改变以往的教育思路，适当出手"点拨"孩子，这样既可以节省学习时间，又可以保护孩子的学习兴趣，是一件一举两得的事情。

3．常规性的家庭作业，不赞成父母帮孩子来完成

有的父母说老师布置的作业实在太多了，父母只好出手帮孩子完成作业，我不赞同这样的说法。一般情况下，老师布置的家庭作业会综合考虑全班同学的学习能力，如果同样一份作业，90%以上的孩子都能按时完成，只有自己的孩子完成困难的话，那么父母应该去了解孩子的学习效率以及知识掌握情况，问问孩子有没有学习上的困难。如果孩子在学习方面确实存在问题的话，父母应该想办法帮孩子提高学习效率，巩固好基础的知识点，而不是一味抱怨作业太多；贸然出

手代替孩子完成作业，只会导致孩子的问题越来越严重，最终让孩子陷入恶性循环中。

少数父母只看到孩子的寒暑假作业太多，却忽视了孩子在分配时间方面存在的问题。如果父母能够帮助孩子合理地规划寒暑假作业的时间，孩子每天都能保证完成一定的作业量，那么孩子根本就没必要在开学前几天恶补作业，父母也不用因为心疼孩子而出手代替孩子写作业。我女儿读一年级时，人生第一次拿到寒假作业，非常兴奋，放假第一天，我们就把整本寒假作业翻了一遍，然后共同制订了一份作业计划表。在整个寒假期间，女儿一边学习一边玩耍，在开学前十多天就完成了所有的寒假作业，而且她觉得非常轻松，一点儿压力都没有，这完全得益于那份提前规划好的作业计划表。

总而言之，父母应该根据孩子的作业情况来判断需不需要帮孩子写作业。在一些特殊情况下，父母出手帮孩子完成作业，不仅可以提高孩子的学习效率，还能让孩子因父母的参与而感受到学习的乐趣。但是，在绝大多数同学都能独立完成某项作业的情况下，父母因为心疼孩子，就代替自己孩子写作业，只会让孩子的学习情况变得更糟糕。

切忌一边看电视或玩手机，一边监督孩子

在我们小时候，大人经常跟我们说："好好学习，珍惜现在还能坐在课堂上听讲的幸福时光吧，等你们长大之后，就知道学习是世界上最幸福的事了。"这样的说教听了一遍又一遍，可作为孩子的我们，是理解不了学习的快乐的。每当写作业的时候，我们都会觉得这是一件很辛苦的事情，尤其是假期开学前一晚，或者周日晚上，总会有一种没玩够的失落感。

小时候，我们甚至有点儿羡慕上班的父母，因为父母下班之后有大把的时间看电视，而我们在上了一整天学之后，回到家里，还得坐在书桌前写作业。每每此时，我们就会心理失衡。

等我们长大进入社会之后，才能深刻体会到父母说的那句话，"上学是世界上最幸福的事情"。于是，等我们生了孩子，我们又把同样的话说给孩子，孩子却如同小时候的我们一样，非常羡慕不用写

作业的父母。

我也想过这个问题，为什么在孩子眼里，不写作业的父母才是最幸福的人呢？也许是因为父母这种自由自在的状态，让孩子的心理产生了不平衡："为什么我辛苦写作业的时候，你却在一边看电视或者玩手机呢？"

有的父母总是抱怨孩子三心二意，不好好写作业，那父母有没有思考过这样一个问题：当孩子趴在书桌上辛苦写作业的时候，我们是否拿着手机玩游戏，或者坐在旁边看电视呢？喜欢跟别人比较是人的正常心理，在孩子的眼里，一个玩耍一个写作业，在这种鲜明的对比之下，孩子怎么能够淡定呢？因此我们要充分体谅孩子的这种心理，当孩子写作业的时候，我们最好能关掉电视，收起手机。

我有个朋友，特别喜欢用手机追电视剧，每天晚上，她忙完所有的家务，就拿起手机窝在沙发上看电视剧。同时她把孩子的书桌放置在沙发对面，这样便可以一边看电视剧，一边盯着孩子写作业，每次看到有趣的情节她还会忍不住哈哈大笑。这时候，孩子就会扭过头来问她："妈妈，你在笑什么？"朋友便一脸严肃地呵斥孩子："你别管大人的事，好好写作业就行了。"

朋友的这种行为让孩子对手机产生了强烈的好奇心，只要她走开一小会儿，孩子就会飞快地溜到沙发旁边，拿起手机看两眼。这个孩子对于手机的痴迷不仅表现在写作业的过程中，有时候外出游玩，别的孩子都高高兴兴地凑到一起做游戏，他却不停地央求妈妈让他玩一会儿手机。

我曾建议朋友给手机设一个密码，防止孩子频繁玩手机，结果朋友笑着说："偶尔玩一下也没什么大不了的。"这时候孩子在旁边一脸得意地说："妈妈答应我，写完作业就可以玩手机。她能玩，我也能玩。"

这就是父母给孩子带来的"示范效应"，当孩子趴在书桌前认真写作业的时候，父母却坐在一旁舒舒服服地玩手机，在幼小的孩子眼里，这简直就是赤裸裸的诱惑。他会忍不住想看看手机里到底有什么好玩的东西，于是再也无法把注意力集中到学习上面。仔细想想，孩子写作业的过程不过一两个小时，等孩子写完所有的作业，父母再玩手机也无妨，为什么就不能忍忍呢？

那么，当孩子写作业时，父母应该做点什么才能让孩子的心理平衡呢？

1. 共同阅读，是陪伴孩子学习的最好方式

当孩子写作业时，作为父母，最好的陪伴方式就是拿一本书静静地坐在旁边陪着孩子。现在已经有越来越多的父母把客厅改造为开放式的书房，在那里摆满全家人喜欢看的书，孩子写作业的时候，父母可以坐在旁边静静地阅读。等周末或者晚上大家都有空闲的时候，一家人可以静静地坐在那里，共享阅读带来的快乐。这样一个好的学习氛围，可以让孩子的学习效率变得更高。在一个有阅读氛围的家庭里，孩子耳濡目染，自然喜欢在书海里遨游，而不是痴迷于玩手机。

2. 父母如果没时间阅读，可以做点儿家务活

父母如果静不下心去阅读，或者没有时间去阅读，不妨做些家务

活。这至少可以给孩子留下一个印象，那就是家中的每个人都需要努力工作、生活或学习，每个人都有属于自己的责任和压力。作为学生，认真听讲、按时完成作业是他的责任和义务；而作为父母，认真工作、认真生活，也是我们的责任和义务。没有谁可以轻轻松松地躺在那里玩手机。我认为，经常在孩子面前强调责任的重要性，是一件非常重要的事情，这是在告诉孩子，自己的责任必须要通过自己的努力来完成，谁也没有义务去帮助你。女儿在写作业之前，我经常跟她说："程程，你好好写作业，爸爸妈妈也有家务和工作要做，大家一起努力好不好？"这样的话，我隔三岔五就会跟女儿说一遍，相信时间久了，女儿会把学习真正当成自己的责任，每一天都能认认真真地完成所有的作业任务。

3. 需要用手机做事时，可以提前告诉孩子

现在是互联网时代，我们的生活处处与互联网相关，自然我们做很多事情也离不开电脑和手机。当需要用手机购物或者沟通工作时，我们不妨大大方方地告诉孩子"家里的面粉和调料快用完了，我需要用手机给家里买点儿东西""有个叔叔找爸爸讨论工作，爸爸需要用手机来和他沟通"。这样的话，即便你在孩子面前用手机做事，那么孩子也能理解你的这一行为，他就会知道爸爸妈妈并没有拿手机在玩，而是在用手机做重要的事情。

手机的功能其实很多，如果你在孩子写作业的过程中，只用手机玩游戏、刷视频的话，那么孩子就会认为手机的功能仅限于此。而当你大大方方地把自己所要做的事情跟孩子交代清楚之后，孩子就会认为，原来大人不仅仅用手机玩游戏，还可以用手机来购物、交流。当

孩子有了这种概念之后，有一天你把手机交给孩子，然后告诉孩子手机可以获取很多有价值的信息，也可以学到很多有用的知识时，孩子会受你的影响，用手机做更有意义的事情，而不是仅仅痴迷于各种小游戏和短视频。

在互联网时代，想要杜绝孩子用手机，几乎是不可能的事情，但是我们可以因势利导，把手机变成引导孩子学习的工具。

我的女儿特别喜欢画画，比如她想画一只小熊，就会直接过来跟我说："妈妈，我可以用手机看一下小熊的图片吗？"这时候，我就会把手机交给女儿，在这样长期的磨合过程中，我们已经形成了良好的信任关系，我相信女儿会用手机做她认为有价值的事情。

养育孩子是一件非常辛苦的事情，但是并不是说照顾好孩子的吃喝拉撒，给孩子提供良好的物质条件、教育环境就算得上辛苦了。真正的辛苦，是愿意摒弃心中的浮躁和欲望，愿意放下手机和玩乐，真正从孩子的角度出发，给孩子营造一个良好的教育环境。

第8章　陪孩子写作业是一种修行

养育孩子，是一场修行；陪孩子写作业的过程，也是一种修行。在陪伴孩子写作业时，父母要内心强大，胸怀宽广，要将孩子视为一个独立的生命个体，在他进步的时候为他欢呼喝彩，在他迷茫的时候为他指引方向；还要能接纳他的不完美；也能站在他的立场上考虑问题，不急不躁，不怒不恼，用满满的爱意和耐心，陪他一起长大。

陪孩子写作业的四重境界

有网友模拟父母陪孩子写作业时不同阶段的心情和状态，用相关书名做了一个形象的分类，大致分为以下四个阶段：第一阶段《教育学》《教育心理学》《教师法律法规》；第二阶段《莫生气》《佛经》《老子》；第三阶段《心脏病的预防和防治》《高血压降压宝典》《精神病症状学》；第四阶段《活着》。下面，我们具体看看这四重境界所代表的"陪写心境"吧。

1. 第一阶段：期待满满

在第一阶段，父母对孩子的学习抱有很大的期望，下定决心要把自己的孩子培养成德、智、体、美、劳全面发展的优秀孩子。一有空闲，父母就四处搜罗育儿经验，生怕自己的教育理论知识储备不够，耽误了孩子"成龙变凤"的机会。对于这个阶段的父母而言，诸如《教育学》《教育心理学》《教师法律法规》这种水平的理论书籍，一定必不可少。刚开始陪孩子写作业时，父母都愿意站在孩子的立场考虑问题，如果孩子在学习的过程中遇到什么困难，父母也会热情地帮助孩子一起解决。在没有进行"实战演练"之前，父母都觉得自家的孩子"天赋异禀"，只要好好培养，将来必定会有一番大作为。抱着这种期待的父母，在陪孩子写作业的初级阶段，甘愿为孩子付出充足的时间、精力和耐心。不过，在这个阶段，孩子的学业内容往往都比较简单，作业量相对较少，因此亲子双方基本上都能保持在欢声笑语、母慈子孝的状态之中。

2．第二阶段：信心受挫

在第一阶段，父母都认为自己的孩子身上蕴藏着巨大的潜能，只要教育得当，孩子的前景一定不可估量。然而，随着知识难度的增加，再加上作业量越来越多，一些学习能力不足或注意力不够的孩子，就会出现学习吃力的问题，具体表现为写作业时磨磨蹭蹭、拖拖拉拉、爱走神、爱搞小动作，结果导致本来一个小时就能完成的作业，硬是被拖到了三个小时。在这个阶段，亲子双方基本上处于剑拔弩张，"鸡飞狗跳"的状态之中，从前温情脉脉、风平浪静的幸福时光将一去不复返。

在这种情况下，原本对孩子信心满满的父母，便开始陷入自我怀疑之中，究竟是孩子的能力出现了问题，还是自己的教育方法出了问题？经过反思，很多父母倾向于先从自身来寻找原因。于是，为了扭转孩子糟糕的学习状态，父母痛定思痛，决定投入更多的时间和精力在孩子身上，"纵使孩子虐我千百遍，我也要待孩子如初恋"，在这种心理暗示下，父母即便被孩子气得心里直冒火，也会不停地告诉自己要忍耐、要克制。对于这个阶段的父母而言，《莫生气》《佛经》《老子》这类书中的心态能够让父母暴躁的情绪平复下来，这类有助于父母"满血复活"的书籍，非常应景。

3. 第三阶段：力不从心

到了第三阶段，很多原本还想"拼一拼、试一试"的父母，逐渐变得有些力不从心了。网络类似的新闻事件层出不穷，一些父母在陪孩子写作业时，因为控制不住暴躁、愤怒的情绪，导致血压上升、疾病突发的事件屡有发生。

湖北襄阳一位三十六岁的妈妈在辅导三年级的儿子写数学作业时，因为生气诱发心肌梗死，险些丧命；上海一位爸爸在辅导孩子写作业时，因为太过气愤，于是用手捶打墙壁，直接导致自己手部骨折；河南一位爸爸在辅导孩子写作业时，因为气愤难耐导致大脑出血，直接被送进ICU（重症加强护理病房）抢救……

在这种情况下，一些有自知之明的父母决定"弃车保帅"，选择"睁一只眼闭一只眼"，让孩子顺其自然发展就好，当务之急是保重自己的身体。俗话说得好，"留得青山在，不怕没柴烧"，先保重身体再说。在陪孩子写作业的第三阶段，育儿理论书籍、情商管理书籍，通通都不重要了，取而代之的是诸如《心脏病的预防和防治》《高血压降压宝典》《精神病症状学》之类的健康宝典。此时的亲子关系，因为父母的期望值消减，而暂时出现表面上风平浪静、实际上暗流涌动的"假和谐"状态。

4. 第四阶段：无欲无求

到了第四阶段，父母基本上炼就了"金刚不坏之身"，任凭孩子怎么磨蹭、拖拉、不写作业，父母都很难再着急上火、焦头烂额。这个阶段的父母，内心早就修炼得无比强大，基本上进入了无欲无求的阶段，唯一的目标就是《活着》。

之前，朋友跟我说："你有没有发现，等孩子长大了之后，大家很少在朋友圈晒孩子的学习情况以及奖状和证书之类的东西，而是画风完全改变了——晒的都是出游、踏青之类的内容。"我仔细想了想，好像还真是这么一回事，很多曾经对孩子抱有很大期望的父母，慢慢在陪孩子写作业的过程中，被迫接受了自己的孩子终究只是个普通人的残酷事实。等一旦接受了这个事实之后，父母的心态就发生很大变化，父母面对淘气不听话的孩子，既不大吼大叫，也不苦口婆心了，还是让自己好好活着吧。

看完陪孩子写作业的这四重境界，莫名替我们这些父母心酸不已，从孩子踏上学习征途的那一刻开始，我们每个人都怀揣着"望子成龙、望女成凤"的美好愿望，倾尽全力为孩子的学习保驾护航。但是，随着学习难度的"升级"，原本和谐的亲子关系逐渐变得矛盾重重，再后来随着父母的失望"升级"，亲子双方变得更加疏离、漠然，虽说大家不再"鸡飞狗跳"，但这种表面看似"母慈子孝"的亲子关系其实潜藏着更大的危机。从教育的角度来讲，这种疏离、淡漠的亲子关系并不利于孩子的健康成长，它只会让孩子的学习状态变得更加消极。

孩子的成长需要父母用爱心、耐心慢慢"浇灌"，如果连父母都对孩子的学习不再抱有期望的话，那么孩子又如何有勇气、有毅力面对学习方面的问题呢？在陪孩子写作业的过程中，我们应该时刻保持一份乐观、坚毅的心态，任何时候都不能打击孩子学习的信心。要知道，教育是一项系统工程，也是为人父母者的修行，它需要有科学的理论、强健的身体、强大的内心和博大的胸怀作为后盾。总而言之，无论何时，我们都要怀揣希望，携手努力。只有这样，孩子才能有更好的未来。

孩子的每一点儿进步都需要父母付出时间和耐心

孩子的每一点儿进步，都需要日积月累的努力，在这个过程中，父母需要付出足够的时间和耐心。每一个优秀的孩子身后，都站着一对优秀的父母，他们也许没有渊博的学识，没有过人的天分，但是他们都有一个共同之处，那就是愿意对孩子付出足够的温暖和耐心。他们在孩子彷徨、失落的时候，坚定地给他信任和鼓励；在孩子误入迷途的时候，温柔地给他提醒和引导。

我所在的小区，曾出现过一对特殊的母子。我观察了一下，儿子可能有十八九岁，妈妈大概四十多岁。通过儿子的言行举止不难看出，这个孩子的智力存在一些先天性的缺陷，他不懂人际交流，自理能力也比较差。每天早上，妈妈都会带着儿子在小区楼下扫树叶。刚开始的时候，男孩有些不耐烦，经常将扫把丢在地上，坐在台阶上赌气不干活。这时候，妈妈就会温和地坐在儿子旁边，帮儿子捡起地上的扫帚，重新递给他，然后拉着他的手，两人一起打扫地上的落叶。

过了一段时间，我发现这个男孩不用妈妈指导就能独自扫落叶了。又过了两个月，妈妈已经不用再陪伴在儿子身边，他能够独自出来靠自己的双手干活赚钱了。

这件事情让我深受触动。我后来跟那位妈妈聊天，她说自己小学毕业后就在外面打拼，虽然儿子智力有些问题，但她想慢慢拉着儿子的手，让他一步一步自力更生。这位母亲非常平凡，传达给我们的教育理念却非常深刻：一个孩子即使智力有问题，如果母亲日复一日去关爱和引导，也能靠着自己的双手自力更生；而大多数家庭的孩子智力正常、身体健康，我们又有什么理由不去耐心地教育孩子、引导孩子呢？

孩子在成长的过程中，总会遇到各种各样的问题，这种情况下就需要父母的耐心陪伴和支持，以便帮助孩子渡过难关。这个过程就好比打怪升级一样，打不了怪物，孩子只好原地踏步。生活中，有很多父母对孩子采取了完全放养的态度，认为只要让孩子顺其自然发展即可，老师布置的作业，随便写写就好，不去关注作业的质量如何，孩子在写作业过程中存在哪些问题，有什么好的办法去提高孩子的学习效率，等等。而那些愿意花费时间和耐心去陪伴孩子成长的父母，每过一段时间就能看到孩子身上存在的问题，并努力去解决这些问题。

1. 孩子再糟糕，也要告诉孩子"你可以"

有些父母对孩子的成长采取了比较淡然的态度，甚至有的父母觉得孩子表现平平，从孩子身上看不到期望的结果，便对孩子采取放任自流的教育方式。这种放任自流的教育方式，在孩子眼里其实意味着失望和放弃。他会觉得，既然父母都认为他不行的话，那他又何必继续努力呢？这样的家长斩断了孩子继续飞翔的翅膀。国外有部电影叫《垫底辣妹》，高中女孩沙耶加的成绩非常差，但她的妈妈从来没有放弃对她的希望，沙耶加想报个补习班来提高成绩，妈妈便四处凑钱满足女儿的心愿。任何时候，只要女儿有继续努力的意愿，妈妈就愿意无条件地支持女儿。最后，女儿终于顺利考上了大学。作为父母，无论孩子的表现有多糟糕，我们都要坚持对他说"你可以"，在你持久的鼓励声中，孩子总会一点点地往前走。

2. 学会为孩子的每一点进步鼓掌喝彩

鲜花和掌声，并不仅仅是为优秀的孩子准备的，每一个在不断进步中的孩子，都值得父母为他鼓掌喝彩。由于受个体发育和教育条件的限制，不可能每个孩子都能成为优秀的孩子，但是我们可以鼓励孩子每天努力进步一点点。只要孩子比昨天的自己更优秀，父母就应该发自内心地为孩子的每一点小进步鼓掌。孩子测试完毕，试卷上错了两道题，我们帮孩子分析完错误原因之后，别忘了鼓励孩子一句："这次因为粗心错了一道题，我们努力改掉粗心的毛病，下次争取全对哦。"下次测试，孩子如果只错了一道题或者全对的话，你一定要使劲地抱抱他、夸夸他，让孩子看出你的激动和喜悦。孩子与大人不同，他非常在乎父母对他的鼓励和表扬，哪怕你冲他竖个大拇指，对他笑一笑，孩子都能体验到进步的快乐。

3．多表扬孩子的态度，少表扬孩子的分数

当孩子取得了一点儿进步时，你应该及时给予孩子肯定和鼓励，当然我们要讲究方式方法，比如我们要多表扬孩子的学习态度，少表扬孩子的具体分数。对于一个孩子而言，好的学习态度才是未来学习的根本保障，会不断地鞭策孩子继续努力，争取取得更好的成绩。我们要让孩子明白，当他取得进步之后，父母更在意的是他的学习态度，而不是他的分数和成绩。我们要告诉孩子，偶尔一次高分并不能说明什么，只要他的学习态度端正，那么未来还会有更多的高分在等着他。举个简单的例子，我的女儿单元测试拿了满分，回家之后，我会这样夸奖女儿："你看吧，你最近学习既努力又认真，能拿满分，妈妈觉得一点儿也不奇怪。以后我们继续努力好不好？"这种表扬方式会让孩子认识到，原来她是因为学习努力才取得了回报，而不是因为聪明，今后要继续努力学习。

你有没有发现，只要你肯用心，生活中的每一件小事，学习中的每一个细节，都能成为教育的契机，孩子的每一点进步，都需要父母付出充足的时间和耐心。

从孩子的视角看问题，才能更好地帮助孩子

美国教育家塞勒·赛维若说过，每个人观察、认识问题，都会有自己的视角和立足点。身份、地位不同，所得出的结论就不同。父母与子女间的年龄悬殊、身份各异是影响相互沟通的重要原因。若父母能站在孩子的立场上思考，一切将迎刃而解。

父母如果想要站在孩子的立场上考虑问题，就必须具备共情的能力。所谓"共情"，是指一种能设身处地体验他人处境，从而达到感受和理解他人情感的能力。作为父母，我们只有具备了良好的共情能力，才能站在孩子的立场上，以孩子的视角去看待他所遇到的问题。

女儿六岁的时候看完动画片《海底小纵队》，非常想要一套"海底小纵队"玩具，我便答应了女儿的请求。没几天，一套完整的"海底小纵队"玩具就寄到了家里，其中"章鱼堡报警器"发出的声音，

跟动画片里的声音简直一模一样。女儿看到这套玩具非常开心，很快便拿起玩具开始操作。可是，第二天回家，我发现，"章鱼堡报警器"被拆成了零件，一点儿声音都没有了。我问女儿怎么回事，女儿支支吾吾地说是她自己拆的。当时，我的第一反应就是愤怒，我责问女儿："妈妈刚给你买的玩具，你就拆成这样，你觉得你尊重别人的心意了吗？"女儿听完我的指责，红着脸，低头不语。

等我气消之后，我再次问女儿："你能告诉我，为什么要这么做吗？"女儿沉默了一会儿，低声说道："我就是想看看里面是怎么发出警报声的。"女儿说完这句话，竟然委屈地大哭起来，想必她现在非常后悔把玩具拆坏了。

听完女儿的解释，我反倒一点儿也不生气了，因为我瞬间理解了她行为背后的真实想法。没过几天，我又给女儿买了一个新的"章鱼堡报警器"。

这件事引发了我的深思。我想，我如果在六岁的时候突然拿到了一套能够发声、发光的玩具，也可能会在好奇心的驱使下，想看看玩具里面究竟藏着什么样的神奇魔法。只不过，与女儿不同的是，她想干就干，直接动手拆卸，而我可能会按捺住自己的好奇心理，因为我害怕父母的指责。这么一想，我反而非常羡慕女儿有"敢想敢做"的探索精神。希望我们都能成为无条件理解孩子、支持孩子勇敢探索的父母。

这件事之后，我会经常提醒自己，当我们看到孩子出现一些不恰当的行为表现时，先不要着急批评、指责他们，而应该耐下心来听听孩子对这件事情的解释。仅仅这样还不够，在听完孩子的解释之后，我们还要进行换位思考。想象一下，如果我们回到孩子的年纪，是不是会做出和孩子一样不恰当的行为，甚至有可能表现得比孩子还糟糕。这就是我们所说的共情能力。当我们对孩子"共情"之后，回头再来看看他们那些"不恰当"的行为表现，其实也没什么可气的。

父母如果希望具备良好的共情能力，在平时的生活、学习中，就要时刻提醒自己注意以下几件事情（这也是许多父母在教育孩子时一些容易陷入的误区）。

1. 你觉得简单的事情，孩子觉得不简单

当孩子的表现没有达到你的心理预期时，你不要暴跳如雷，指责他连这么简单的题目都做不出来。当你站在旁边对他大吼大叫、指手画脚的时候，全然忽视了你和他之间的年龄差距和经验差距。你认为非常简单的事情，从孩子的角度来看，他会觉得那是一件非常复杂的事情。在明显的认知差异下，父母指责他笨，他很快便会陷入沮丧的心理状态，忍不住抱怨自己："妈妈觉得这么简单的题，我为什么觉得这么难？也许，我真的很笨吧。"如果你不想让孩子"破罐子破摔"的话，请以孩子的认知能力为参考标准，他觉得很难的题目，你要鼓励他："如果这么难的题目你都能做出来的话，那真的太了不起了。"而不是站在一个完全不平等的立场上，毫不客气地指责他、抱怨他。

2. 你觉得他走的是弯路，他却觉得是阳光大道

父母在教育孩子的时候，常说这样一句话：我吃过的盐比你吃过的米都多，我现在跟你说的这些话，都是为你好，就是不想让你走弯路。这样的话，听起来似乎很有道理，但是你有没有想过一个问题，

有时候你觉得孩子走的是弯路，可是在他的眼里，那真的是一条笔直的阳光大道啊——那里有他觉得美丽的风景，有他想要探索的神秘世界。我们没有权利剥夺孩子尝试的机会，哪怕这个机会在你眼里无异于"浪费时间"。作为父母，我们应该站在孩子的角度想一想，如果前面真的是弯路，他不喜欢的话，调头回来就可以了，这也没什么大不了的，至少他感受过了，体验过了。就像我的女儿，有段时间特别喜欢把T恤塞在裙裤里，我把我的建议告诉她："这种穿法不好看。"可是女儿认为T恤衫挡住了裤裙上的纱边，塞在里面之后会显得裤裙更好看。我站在她的角度想了想，确实也是这么一回事，便不再干涉她的做法了。

有的时候，放手让孩子去试试自己想走的路，对他而言，反而是一种更好的成长方式。

3. 你觉得他叛逆总是顶嘴，也许他只是想有个表达的机会

随着孩子逐渐长大，他会变得越来越有想法，越来越有个性，亲子之间的思想冲突也会越来越强烈，有的时候甚至会爆发激烈的家庭矛盾。这种情况下，父母都想拥有一个听话、乖巧的孩子，最好是父母说什么，孩子就做什么，不顶嘴、不吵闹，温和、顺从。其实，我们可以站在孩子的角度想象这些事情：假如我们现在就是小孩子，很想吃雪糕，但父母说雪糕会让我们肚子疼；我们想先玩一会儿再写作业，但父母指责我们没有上进心；有件事情让我们非常伤心，但父母认为我们在小题大做。在这种情况下，我们再懂事、乖巧、听话，估计也不愿意好好跟父母说话了。我们因为觉得父母没有真正地理解我们，只好通过对抗的方式来为自己争取那么一点儿可怜的表达机会。"己所

不欲，勿施于人"，我们不想要的压制，也不要施加在孩子身上。

　　其实，我们通过亲子关系的状态，就能看到父母是否具备共情能力。一般而言，父母共情能力强的话，亲子关系往往比较平等、和谐，而如果父母缺乏共情能力的话，亲子关系往往会比较疏远、压抑。我们如果想走进孩子的内心，前提就是需要具备良好的共情能力，能够站在孩子的立场上考虑问题，切实帮助孩子解决生活中遇到的问题。在我们取得孩子信任的基础上，孩子才有可能听取我们的建议，通过努力，让自己成为更优秀的孩子。

陪孩子写作业，孩子需要的不是监督而是陪伴

父母在陪孩子写作业的过程中，大都觉得受煎熬，一个很重要的原因就在于自己的立场没有摆正确。作为父母，我们在孩子面前具有先天的身份优势，但是不能凭借这种先天的优势，就站在一个管理者的立场去监督孩子写作业。

有些父母从孩子出生那天开始，就没有把孩子当作自己的附属品，而是把他当作一个独立的生命个体去看待，小时候给他安排独立的婴儿室，长大后给他一定的自主权。你如果站在这个立场去对待孩子的话，就能够以平等、尊重的态度去对待这个尚在成长中的孩子，与此相应的，你的焦虑情绪会舒缓很多。

我们看待孩子的立场不同，陪孩子写作业的目的就会不同，对待孩子的态度也会不同。我们如果带着爱去陪伴孩子写作业，当孩子出现磨蹭、拖沓、做小动作等一系列问题时，就能够以一种客观、冷静

的态度，去分析孩子这些行为背后的深层原因。而父母如果带着监督的目的去陪伴孩子，那么当孩子出现一系列的问题时，直接的反应就是怒不可遏，因为在"管理者"的眼里，孩子的这一系列行为无疑是对父母权威的挑战。

有位家长分享了自己陪孩子写作业时的情形，我们不妨学习一下。"我会选择和孩子们一起待在一个房间里，我把这个房间叫做'作业室'。当孩子们做作业的时候，我也会做我的'作业'，比如看书或写字，这样孩子们就知道我们都有重要的事情要做。孩子们如果觉得当他们学习时，周围的人却有可自由支配的时间，就不能够专心学习。作业是他们的责任，练琴也是他们的责任。我的陪伴对他们来说是一个大大的激励。我会告诉他们，如果你需要我的话，我就在这里，但我不会主动提供帮助。我有时会看看他们是不是完成了所有的作业，但是最多也就是这样了。我会在孩子们完成每项作业后安排休息时间，比如做作业三十分钟，休息五至十分钟，让他们做自己喜欢的事。"

父母的陪伴，在孩子眼里，应该是一种激励，而不是监督。当你能摆正自己的立场和心态，带着爱去陪伴孩子时，孩子对你的情感回馈会有相应的变化。当你像监工一样监督孩子时，孩子会变得忐忑不安，甚至会对你有些小小的抱怨；但是当你与他保持合适的距离之后，孩子所感受到的，反而是一丝温暖的踏实感。

我记得小时候，家里的学习条件不是很好，爸爸妈妈在客厅一角给我们设置了一张书桌，书桌上有一盏并不太亮的台灯。每天晚上吃过饭之后，我和哥哥都会安静地坐在这张书桌前写各自的作业；爸爸妈妈则会在客厅的一个角落，安静地做着家务。记忆中的这个画面非常温馨，当时埋头写作业的我们，只要一想到身后的不远处，有父母在安静地陪伴着我们，我们的内心就会觉得非常幸福、踏实。

当我的女儿六岁之后，每天也有了家庭作业。我告诉自己，要永远记得记忆中那个温馨的场景，不要像新闻中说的那样，一给孩子辅导作业，家里就变得鸡飞狗跳。

平时，在陪孩子写作业的过程中，我也会时刻提醒自己注意以下几点：

1. 给孩子准备一个作业记录本，让孩子自己记录作业

我给女儿准备了一个作业记录本，提醒女儿把当天的作业记录下来。吃过晚饭，不用我坐在旁边监督，女儿就会按照记录本上的内容来写作业。我建议大家不妨尝试这个办法，它既可以锻炼孩子的自主学习能力，也可以在时间上给孩子一定的自主权。否则，等你在她耳边唠叨"今天的作业是什么""作业多不多""9:00之前能否写完"时，孩子学习的热情已消减了一大半。

2. 在孩子需要你的时候，再过去帮助他

如果孩子可以完成所有的作业，那么父母只需要做自己的事情，没有必要时刻盯着孩子。如果孩子学习遇到了困难，确实需要你帮助时，你再过去帮忙也不迟。这样做，一方面可以让孩子尝试独立解决难题，另一方面也可以避免由于父母与孩子近距离接触所引发的亲子冲突。俗话说得好，距离产生美，我们没必要整天站在孩子身后，让

自己变成二十四小时不间断的"监工"，出力还不讨好。

3．你如果总是忍不住呵斥孩子，最好换个人来辅导作业

父母在辅导孩子作业时，要想永远不发火是一件很困难的事情。但是，如果你经常发火，孩子一看到你就紧张，或者与你对抗到底的话，那么建议换另外一个人来辅导作业，因为一个情绪失控的人是非常可怕的。如果你习惯了对孩子大吼大叫，那么孩子不仅会学习你这种糟糕的情绪处理方式，而且有可能因为你的负面态度而彻底厌恶学习。及时止损，任何时候都是一个明智的选择。

我们可以陪伴孩子写作业，但请别忘了，要带着爱的初衷去陪伴孩子，尤其不要把自己当作惹人厌的"监工"，而且，孩子的学习成绩也不是靠我们的监督就能突飞猛进的。

慢慢来，每个孩子都有自己的成长规律

　　如果孩子的学习成绩不能令你满意的话，也许并不是他的学习能力或态度出现了问题，而可能是因为他的认知能力、抽象思维能力、注意力等尚未发育成熟。每个家长，都希望自己的孩子能成为人群中最耀眼的那颗星，但是我们不得不接受的一个真相是：大多数孩子，无论在智力还是能力方面，注定都是一个普通人。这就意味着，我们只能按照一般的教育方式去教育自己的孩子，一味拔高或超前教育，并不能使我们的孩子在学业上更加优秀。

　　心理学上有个理论，叫作"认知发展理论"，它是由儿童心理发展史上最具影响力的心理学家之一皮亚杰提出来的。根据皮亚杰的认知发展理论，儿童的认知发展划分为四个阶段：感觉运动阶段（零至二岁）、前运算阶段（二至七岁）、具体运算阶段（七至十一岁）、形式运算阶段（十一至十五岁），儿童按照这样的发展规律成长，并且每一阶段的发展都建立在前一阶段发展完成的基础上。

下面，我们来了解儿童认知发展的四个阶段。

1．感知运动阶段（零至二岁）

处于感知运动阶段的孩子，刚刚开始有思维的萌芽，他们的认知活动主要是通过探索感觉与运动之间的关系来获得动作经验，其中，吮吸、抓取的动作，是他们认识这个世界的主要方式。

2．前运算阶段（二至七岁）

这一时期是儿童表象思维阶段。皮亚杰认为，在这一阶段，儿童能运用语言或较为抽象的符号来代表他们经历过的事物，凭借表象思维，他们可以进行各种象征性活动或游戏、延缓性模仿以及绘画活动等。但是，处于前运算阶段的儿童，他们的思维具有不可逆性、刻板性、以自我为中心的特点，尚未获得物体"守恒"的概念。

所谓的"守恒"，是皮亚杰一个研究认知的实验。他把液体分别倒入两个一模一样的杯子，孩子能根据液体的高度相同，判断出两杯子中液体的量同样多；但是当他把其中一个杯子换成细长型之后，再把同样的液体倒进去，这时处于前运动阶段的孩子就会认为细长杯子里的液体比较多，因为从表面上看，细长水杯的液体确实更高一点儿。

3．具体运算阶段（七至十一岁）

这一阶段，处于孩子的小学阶段。皮亚杰认为，此阶段儿童的认知结构已经发生了重组和改善，思维具有一定的弹性，可以逆转，他们已经获得长度、体积、重量和面积等的守恒知识，能凭借具体事物或从具体事物中获得的表象进行逻辑思维和群集运算，但其思维仍然需要具体事物的支持。这个阶段的孩子，已经理解了"守恒"的概念，知道细长水杯里的液体和宽杯子里的液体量其实是相同的，而不会被杯子的表面现象所迷惑。

4. 形式运算阶段（十一至十五岁）

皮亚杰认为，此阶段儿童的思维已经超越了对具体的可感知的事物的依赖，能以命题的形式进行，并能发现命题之间的关系，能理解符号的意义，能做一定的概括，思维已经接近成人的水平。

通过了解皮亚杰的儿童认知发展理论，我们可以判断出，小学阶段的孩子大致处于认知发展的第三个阶段，即具体运算阶段。这个阶段的孩子，已经可以进行逻辑思维和群集运算；但是，他们的思维依然没有发育成熟，缺乏抽象思维能力，无法摆脱对具体事物的依赖。这种思维特点，导致孩子在学习的过程中，面对一些需要发散思维或抽象思维才能解决的问题时，表现会比较吃力。同等难度的题目，在思维能力已经成熟的父母眼里，也许没什么难度，但是对于思维能力尚未发育健全的孩子而言，却是一件十分困难的事情。这种情况下我们应该做的就是慢慢来，尽可能把复杂的问题具体化、形象化，这样才能跟孩子的思维能力相匹配，真正让孩子听明白。

在这里，我想举一下我女儿程程的例子。

我在辅导女儿数学题时，遇到一个附加题，附加题的难度比普通题型要大一些。题目问，如果把一个圆形纸片进行两次折叠之后，再沿虚线（扇形两条边的中点连线）进行一次裁剪，可以得到一个什么样的图形？女儿看到裁剪后的图形很像一个三角形，于是便说这是一个三角形（其实展开后的三角形是一个正方形）。

七岁的女儿，面对一道需要动用抽象思维才能解答的题目时，面临的挑战非常大。这种情况下，如果我按照常规的教育方法，把这道题目的解题思路反复跟女儿讲，我想女儿也很难听明白。于是，我找来一张白纸，用剪刀剪成一个圆形纸片，然后按照题目的折叠要求和剪裁要求，一步一步做给女儿看。看到最后的结果时，女儿恍然大悟，拍着脑门说："原来正方形是这样变出来的。"紧接着，我趁热打铁，告诉女儿："一个图形，折叠两次之后就会变成四部分，因此你在考虑问题时，要同时考虑四部分图形的形状，而不是你表面上看到的那一个图形。"

我之所以选择这种讲题方式，是因为根据皮亚杰的认知发展理论，七岁的孩子还不具备抽象思维能力，当你把这道抽象的题目转化为具体的题目之后，孩子很快就能理解你所讲的内容。如果你不了解孩子的思维特点，一遍遍给孩子讲解枯燥的理论知识，那么他即便听上七八遍，可能也听不明白，但是你换个方式来讲解，孩子很快就能明白。

因此，我们要根据孩子的心理发展规律和认知发展规律，去科学地指导孩子的学习和成长，这样才能改变"鸡飞狗跳"的学习场面。孩子在不同的年龄阶段，会呈现出不同的心理特点和认知特点，当他的表现没有达到你的要求时，先不要着急否定孩子，而要耐着性子，等着孩子慢慢成长。在平时的教育中，我们最好不要让孩子提前学习高年级的知识，不要提一些超过孩子能力的要求，更不要随意剥夺孩子的玩耍时间。

　　教育孩子如同培育花朵，当你撒下种子之后，要根据花苗的喜好和特性来好好培育它们。你如果无视它的生长特性，盲目浇水和施肥，只会损伤植株，影响花朵的成色。

接纳孩子，每个孩子都不完美

　　什么样的父母算是成熟的父母？我认为，一个能够接纳孩子不完美的父母，才算真正成熟的父母。

　　在成为成熟的父母之前，我们的眼前往往有两个孩子：一个是现实中的孩子，一个是想象中的孩子。我们在辅导孩子作业的时候，之所以会血气上涌、怒不可遏，主要是因为"这两个孩子"之间的差距实在太大了，想象中的孩子越优秀，那么现实中的孩子就越平庸，平庸到一辅导作业，我们的眉头就不由自主地皱起来。

　　其实，天底下哪有完美的孩子呢？即便是我们所羡慕的"别人家的孩子"，也有你所不知道的缺点和问题。

　　童话大王郑渊洁小时候是个"差生"。有一次，老师出了篇作文，题目叫《早起的鸟儿有虫吃》。但是郑渊洁偏偏不走寻常路，写了一篇文章叫作《早起的虫儿被鸟吃》，结果他被老师责罚大声说一百遍"郑渊洁是最没出息的人。"郑渊洁心里并不服气，他认为"我作文好，我有想象力，怎么最没出息？"后来郑渊洁因为强烈反抗学校的决定，被学校开除了。面对这种情况，其他孩子的家长肯定早就气不打一处来了，可是郑渊洁的父亲并没有过多地指责他，而是说："以后我在家里教你吧。"

后来，从未上过大学的他，成了当代颇有影响力的童话作家，我们很多人都是读着郑渊洁的童话故事长大的。当有人问他成功的秘诀是什么时，郑渊洁说了这样一句话：我找到了最佳才能区，每个人都有自己的最佳才能区，这是上帝赋予每个人的特殊能力，是任何人代替不了的。

在和皮皮鲁的对话中，郑渊洁正话反说，描述了家长"毁掉"孩子的七种不当言行。其中一条是这样说的："让孩子觉得自己什么都不行，没人赏识他。例如学习不行，长相不行，交际不行，干家务不行，马虎、粗心，让家人为他受累……总之，他没有行的地方。"另外一条是这样说的："你一定要当着外人的面损他、贬他，让他无地自容。从心理学角度讲，这样做能使一个人产生惧怕社会的心理，产生自惭形秽的念头，而一个惧怕社会和自惭形秽的人是很难立足于社会的。"

郑渊洁用正话反说的方式，讽刺了那些总喜欢打击孩子自尊心的父母，你如果想要一个糟糕得不能再糟糕的孩子，那么很简单，只要时时刻刻贬低他，看不起他就可以了。一个孩子，即便他非常糟糕、差劲，父母也不能贬低他，如果连父母都接受不了他的不完美，那么他如何能期待别人去接受他的不完美呢？真正爱孩子的父母，会穷尽一生的力量，努力把这个不完美的孩子变得越来越完美，而不是打击他、指责他。

当你面对一个不完美的孩子时，如果觉得失望，不妨换个角度来考虑问题，也许你的心境会有很大的改变。

1. 发现孩子不完美背后的亮点

当你觉得自己的孩子不完美时，那么你需要静下心来，多想想孩子身上的优秀之处，我不相信世界上存在一无是处的孩子，只要你愿意发现孩子身上的闪光点，孩子也就愿意努力表现给你看。当然，孩子之间有个体差异，每个孩子都有他的优势，父母要正确地评估孩子，了解孩子的个性特点、学习方式、生活习惯。比如，有的孩子聪明好学，天生就是学习的好苗子；有的孩子能说会道，天生就有做推销大师的潜力；一个喜欢跑步的孩子，未来有可能成为运动场上惹人注目的"飞人"。我们并不缺少优秀的孩子，缺少的只是一双发现孩子闪光之处的眼睛。你如果愿意睁大眼睛，看看孩子身上的闪光点，那么很有可能看到的是一个浑身发光的孩子。

2. 请适当降低对孩子的期望值

你如果有一天发现眼前的孩子让你越来越失望时，可以回过头来，反思自己对孩子的期望值是否太高了。很多中国父母都爱拿"别人家的孩子"来跟自己家的孩子做比较，目的是为了给自己家的孩子一个奋斗的目标。但事实上，这样做不仅难以起到激励的作用，还会损伤孩子的自尊心、上进心，甚至会影响孩子对父母的信任感，导致孩子与父母变得越来越疏远。父母与其打击孩子的上进心，伤害孩子的自尊心，倒不如降低对孩子的要求。前面说过，教育学上有个"摘桃子"的理论，只有桃子挂在一个孩子踮起脚尖就够得着的地方，他才愿意努力去摘桃子。如果一开始桃子就挂得很高，孩子怎么努力也够不到的话，他只会放弃努力，连试一试的信心都没有了。

3. 鼓励会让孩子变得越来越完美

你如果希望自己的孩子变得越来越完美，而你暂时又没有其他更好的办法的话，那就使劲鼓励他吧。与打击孩子相比，鼓励至少能让孩子感觉，原来他自己也没有很差劲。

有这样一位妈妈，她的儿子学习成绩不太理想，参加家长会的时候，老师跟她说："你的孩子考重点中学很困难"。等她走出教室门看到一脸期待的儿子时，她却笑着对孩子说："老师说你学习特别勤奋、认真，考上重点中学很有希望。"面对同样一个事实，换个积极、正面的说法来跟孩子交流，也许会产生意想不到的结果。作为父母，我们可能欠缺高超的教育技巧，我们却可以掌握一些沟通技巧和沟通艺术，尽量把一些消极、负面的话语，通过我们的艺术加工转变为积极、正面的话语去鼓励孩子。在这种正面鼓励下，孩子有可能变得越来越棒。

从现在开始，请收起你的指责和抱怨，好好爱你眼前的这个孩子，而不是你想象中的那个孩子。也许，现在的他在你眼里并不完美，但是我们可以用源源不断的爱和温暖，鼓励他、帮助他，努力让他变得越来越完美。